JE VOUS ÉCRIS DU BASSIN D'ARCACHON

Textes recueillis et présentés
par Jean-Claude Garnung

Illustrations de Jacques Guibillon

JE VOUS ÉCRIS DU BASSIN D'ARCACHON

Thomas Illyricus, Mortemart de Boisse, Isidore Sarramea, Marquise de La Grange, Oscar Dejean, Edmond About, Henri Ribadieu, Elisée Reclus, F. Dubarreau, Claude Journiac, Louis Branlat, Henri de Toulouse-Lautrec, Juan Sky, Gabriele d'Annunzio, Sarah Bernhardt, Jean Cocteau, Jean Hugo, La Gautraie, François Mauriac, Jean Balde, Guy de Pierrefeux, Bertrand Peyneau, André Aramandy, Maurice d'Hartoy, joseph de Pesquidoux, Albert de Ricaudy, Salvador Dali, Roland Dorgeles, Marcel Aymé, Pierre Benoît, Marie de Regnier, Jean-Paul Sartre, Christine de Rivoyre, Gilbert Ganne, Sylvie Caster, Claude Vincent, Michèle Perrein, Eric de Saint-Angel, Charles Daney, Professeur Muge, Fanny Joly, Huguette de Baisieux, Thierry Gandillot, Bernard Godbille, Michel Doussy, Agnès Claverie, Michel Suffran

Préface

Inspirer

Inspirer : ce beau verbe de la langue française évoque immédiatement à lui seul, tout à la fois le passage d'un souffle, d'un air vivifiant, cette profondeur de la vie que l'on inhale à pleins poumons, et en même temps la progressive mise en mouvement de tout un environnement par des forces mystérieuses qui nous échappent.

Personne ne peut douter qu'une belle région, tout autant qu'une jolie femme, puisse devenir l'inspiratrice d'un artiste, d'un écrivain, d'un créateur d'imaginaire. Il en évoquera tour à tour la singularité et les charmes. Il utilisera son cadre pour y nicher son œuvre romanesque, y donner vie à ses personnages. Parfois, il la fera transparaître en filigrane dans sa correspondance intime.

Le bassin d'Arcachon, à travers son site naturel de mer intérieure bordée de forêts et de dunes, les activités de ses riverains, tour à tour marins-pêcheurs, ostréiculteurs ou navigateurs de plaisance, comme à travers l'éclosion de son tourisme balnéaire, est l'un des exemples les plus probants de cette source d'inspiration.

Il suffit alors de planter quelques éléments du décor.

Le Bassin

Regardez bien sa carte. Le Bassin est un grand livre qui se lit comme les lignes de la main. C'est un système sanguin qui palpite au rythme des marées et qui unit pour l'essentiel sudistes et nordistes, face à ceux qui voudraient encore opposer leurs clochers. Un temps, des puristes ont imaginé de le débaptiser. Baie, baie, baie, ont fait quelques moutons. Pour l'heure, chacun, rivé sur la ligne bleue et verte d'Arguin, s'inquiète d'être un jour obligé – oh ! dans combien de siècles ! – de l'appeler lagune.

Les parqueurs

Ce sont les enfants de la marée. Ils en ont adopté la respiration. Ils sont les vrais tenants d'un Bassin sans frontières. Pourtant, c'est à l'abri de leurs pignots qu'ils viennent jalousement marquer leur territoire, échoués d'un moment, à la fois jardiniers et paysagistes de la mer. Descendus de leur chaland, les vieux en béret rôdent encore autour des réservoirs et réchauffent au couchant leurs faces burinées à clin, comme celles de leurs cabanes.

La plaisance

La plaisance arcachonnaise reste la gardienne de ce vieux mot qui signifiait « plaisir » et s'ingénie à faire toujours rimer le gréement avec l'agrément. Qui eut dit que le premier maire d'Arcachon la gratifierait d'une partie de son nom ? Si les plaisanciers ont perdu aujourd'hui leur pantalon de flanelle rouge, leur marinière et leurs espadrilles, ils n'en continuent pas moins d'entretenir leur bateau comme leurs pères le faisaient de leur danseuse. On exhibe sa pinasse comme une carte de visite de distinction. Entre le flying-bridge de la vedette et la pointe rasante du dragon, la hauteur de la coque reste toujours une affaire de caste.

Les marins pêcheurs

Nostalgiques de la grande époque de la pêche arcachonnaise, ils se sentent les déçus d'une Europe que l'on disait synonyme de grand large et qui prend trop souvent l'apparence de filets agressés, d'otage espagnol ou de quai morne. Le folklore a déserté peu à peu la criée. L'électronique décide de leur feuille de paie. Dans l'attente des travaux pharaoniques qui réguleraient enfin leurs sorties en mer, tant pis, ils restent courageux à l'extrême. Ils n'en continuent pas moins de narguer un océan qui joue à passe-passe avec leur vie.

Les touristes

Comme l'hirondelle, ils annoncent le retour et la fin des saisons. Tiens, ils sont arrivés ! On s'énerve au feu de Gambetta. Où vais-je trouver à me garer ? J'ai pourtant un chèque à déposer à la banque... Comme l'hirondelle, on classe ce migrateur suivant son espèce : les juillettistes seraient plus raffinés que les aoûtiens, et que dire des septembristes ? Comme l'hirondelle aussi, ils trissent aux premières pluies. Qu'on les charrie ou qu'on les aime, on ne saurait jamais s'en passer.

Les régates

Sur le Bassin, on ne se mesure qu'entre gens du même monde, parfaitement jaugés. Une fois l'an pourtant, les petits vont défier les gros, pour dix-huit heures de déventement, de priorité à la bouée, de quête à la risée portante. Ici, chacun rêve de Transat en solitaire et chaque victoire a un petit goût de rhum ou de café. Ici, le dieu que l'on piédestalise s'appelle Lamazou ou Parlier.

La ville d'Arcachon

Arcachon est née d'une de ces césariennes qui vous laissent toujours une cicatrice que seuls les intimes savent encore remarquer. D'un trait de crayon administratif, elle a été brutalement séparée de sa mère testerine. Accouchement ou amputation ? On en parle encore aujourd'hui. Descendue de sa forêt, vous la verrez aujourd'hui encore corsetée dans la robe de son enfance où elle éclate quelque peu dans les limites de ses coutures. On la croirait parfois un peu vieillotte, mais la voici qui garde bon pied bon œil. Elle change ici ou là quelque façade, au hasard d'un partage de famille, rénove son casino et son front de mer. Notre centenaire a même des élans de jeunette, des envies qu'elle a du mal à tempérer. De partout, on y est venu enfant, on y reviendra retraité. Aura-t-elle tellement changé ?

La ville d'hiver

Elle a gardé le charme de ces vieilles dames désuètes, toujours propres et coquettes. Si elle est fille de spéculation, c'est que l'argent et les banquiers avaient jadis de ces lyrismes et de ces fantasmes ! Elle garde aujourd'hui jalousement la mémoire de son passé et, du haut de son observatoire, elle se veut la gardienne vigilante des métamorphoses toujours redoutées de la ville basse. Discrètement, elle est là pour nous rappeler qu'il y a peu encore, l'architecture était aussi un art.

Je suis né sur ce rivage

Je suis né sur ce rivage et j'ai le privilège d'y vivre encore, à l'âge des souvenirs, ancré dans le même port, à l'écoute permanente des mêmes appels de mon clocher. L'idée que, bien longtemps avant moi, des voix plus autorisées que la mienne aient éprouvé le besoin de s'y laisser séduire m'a toujours réconforté. J'ai donc voulu utiliser leur vision personnelle pour recomposer avec eux, un paysage, un art de vivre, un air que l'on respire, dont tous ceux qui les ont un jour approchés ont été indélébilement marqués.

Jean-Claude Garnung

Frère Thomas Illyricus

Lettre aux Étudiants Toulousains

26 août 1519
De l'ermitage de La Teste de Buch

[...] Je vous avertis en nautonier expérimenté, dont le navire est loin d'être sans avarie, et la cargaison saine et sauve, puisque jadis un naufrage m'a jeté sur le rivage. Navigateur, je le déclare à voix tremblante : dans le bouillonnement des flots de la luxure, Charybde engloutit votre salut. Sa bouche virginale consomme le naufrage de votre pudeur. Le désir souriant caresse Scylla. Voilà le rivage redoutable, voilà le pirate diabolique qui porte des chaînes pour emprisonner ses alliés. Ne croyez pas être, bien plus, ne soyez pas en sécurité. Bien que la mer se ride à la manière imprécise d'une eau stagnante ; bien que, sous le souffle du vent, sa surface s'émeuve à peine, cette plaine renferme de hautes montagnes ; en elle est le danger, en elle l'ennemi.

Préparez donc les cordages, hissez les voiles. Fixez la croix sur vos fronts pour qu'elle soit votre vergue. Cette tranquillité, c'est la tempête [...]

Dans la solitude, au milieu des animaux, ma vie s'écoule sous la loi du seigneur : jour et nuit, je médite. J'écris des livres et je ressens les tourments de ce labeur immense. Mais je suis assez consolé en espérant la lumière après ces ténèbres. « Qui donc, s'enquiert l'Apôtre, plante une vigne et n'en mange point du fruit ? » Oh ! Puissé-je voir beaucoup d'apôtres de la solitude et devenir un second Jérôme, qui, parcourant les retraites du désert, visita les solitaires attachés sept années au même point de la terre, et endura, comme s'il avait l'aide des anges, la fatigue ininterrompue de la route, les incommodités pressantes de la vie, et mille autres calamités. De la vie de ces sages et de leurs mœurs étonnantes qu'il avait lui-même étudiées soigneusement, il composa un traité. Ce que je serais bien empêché de faire, puisque je trouve les retraites de ce désert privées de ceux qui pourraient les honorer et envahies par les bois. Ô condition infortunée du siècle où nous sommes ! [...]

Peut-être que frappé de la nouveauté de ce point de vue, l'un de vous me dira : « Frère Thomas, pourquoi t'es-tu donc consacré à la solitude ? Pourquoi ces bois retirés te plaisent-ils ? »

Je lui réponds : « Une ville est pour moi une prison, la solitude un paradis. Je trouve d'ailleurs tant de difficultés partout où je suis qu'en face de ce lieu inhospitalier lui-même, je suis contraint de crier bien haut par écrit et en public. »

À peine m'a-t-on concédé un coin de terre déserte. C'en est assez cependant pour que je sois joyeux. C'est pour moi la terre du Seigneur et sa plénitude.

Epistola fr., T.I,. o.m. et divini verbis preconis ad universos tholosae gymnasis scholares – *Bibliothèque de Toulouse.*

Thomas Illyricus

(Vrana, en Dalmatie, env. 1485 – Carnolès, près de Menton, 1528)

Ce franciscain est connu pour avoir parcouru, à pied ou monté « sur un pauvre asne », de nombreuses régions du sud de l'Europe, en prêchant de ville en ville. Après ses passages à Grenoble, Montauban, Toulouse et Bor-

deaux, il est accusé par les autorités religieuses de séduire le peuple et d'apporter le schisme. Il est obligé de se réfugier en forêt de Bernet, à La Teste (1519). Il y élève un oratoire qui est devenu depuis lors la chapelle de Notre-Dame d'Arcachon. On y vénère toujours la Vierge des Marins, sculpture en albâtre trouvée sur le rivage par Thomas Illyricus, un jour de tempête. C'est de cet ermitage (*ex heremo Teste Buxi*) qu'il écrivit une *Lettre aux Étudiants Toulousains.*

Mortemart de Boisse

Rapport sur la colonie d'Arcachon

La ville de La Teste-de-Buch

On ne saurait trop quelle qualification donner à La Teste ; ce n'est précisément ni une ville, ni un bourg, ni un village, et il y a quelque chose de tout cela... Des constructions ça et là qui se lient à d'autres par de grands jardins, des murs, des haies, des clôtures en planches, des champs cultivés ; des maisons qui occupent un grand espace de terrain coupé par des espèces de rues irrégulièrement alignées, et inondées aux premières pluies d'automne comme des canaux d'irrigation : voilà ce qu'on appelait la ville de La Teste-de-Buch jusqu'à ces derniers temps ; mais je dois reconnaître que, depuis la création du canal et du chemin de fer, depuis aussi que les colonisateurs d'Arcachon sont venus y apporter la civilisation et la richesse, on commence à bâtir plus régulièrement et plus élégamment ; les rues s'alignent, et si l'on plaçait partout des trottoirs très exhaussés, elles deviendraient praticables l'hiver.

Les Testerins sont généralement intelligents, quelquefois très-fins, et toujours indépendants. Avant la colonie d'Arcachon, la population avait une aversion marquée pour l'étranger, malgré les avantages qu'elle aurait pu en retirer ; les innovations les effrayaient; ils voulaient rester ce qu'ils étaient; ils redoutaient même comme une calamité le chemin de fer qui devait faire cependant de La Teste un entrepôt de Bordeaux. Aujourd'hui ils se rallient, bon gré mal gré, à ceux qui viennent développer leurs éléments de prospérité... ; mais ils conservent encore une sorte d'isolement et une roideur de caractère qui se modifieront sans doute, par les fréquentes communications qu'ils vont avoir avec Bordeaux. Une femme d'esprit me disait à Arès : « Vos Testerins sont les petits Spartiates de la France » [...]

Quant aux Testerines (je parle toujours des classes inférieures), elles sont tour à tour servantes dans les habitations, batelières sur le bassin d'Arcachon, et cultivateurs dans les champs qui entourent La Teste ; elles se livrent à tous les travaux pénibles, indépendamment des soins à donner à leurs enfants et à leurs ménages.

On peut apprécier, à ce seul aperçu, le sort de ces femmes qui cultivent le dos courbé et la tête baissée dans les sillons, surtout pour la culture des millets, humant ainsi une poussière sableuse impalpable. Cette poussière est imbibée d'eau infecte durant l'hiver, parce qu'elle est mélangée avec les engrais putrescents, qui

sont desséchés et presque volatilisés pendant les ardeurs de l'été. Tout ce labeur, qui les absorbe constamment, les rend vieilles avant l'âge. On s'est étonné de ne voir, la plupart du temps, sous ces chapeaux, qu'elles portent avec assez de coquetterie, que des figures sèches et fanées. On compte pourtant dans la contrée quelques jeunes filles qui ont de la fraîcheur et des traits distingués.

Je crois que la condition morale et physique de la femme est toujours en proportion du plus ou moins de civilisation du pays qu'elle habite [...]

Cette petite ville, ou ce bourg de La Teste, n'en est pas moins un lieu de plaisir; on y prend les bains de mer qu'on va chercher à la pointe de l'Esguillon, quand on ne s'établit pas aux bains le Gallais, ou aux bains Tendel, ou enfin dans une petite maisonnette qui, sans luxe et sans apparat, peut remplir à peu près le même but.

Les parties de campagne sont fréquentes et agréables à La Teste. On monte à cheval presque tous les jours; on bat la forêt, qui est fort belle, et où l'on trouve sous ses pas le *strix bubo*, que Buffon appelait l'aigle de la nuit; et dans les bas-fonds le *scolopax gambatta* (le chevalier aux jambes rouges). On trouve aussi dans cette forêt le *sciurus vulgaris*, l'un des plus lestes écureuils des bois, qui s'y nourrit des semences du pin et se tient particulièrement dans les environs de la grande dune de la Truque.

On va voir la grande mer au-delà de Moullo. Là on distingue ce phare dont la clarté nocturne prédit plus qu'il n'empêche les naufrages. Puis on voit une vigie inclinée par le vent, une balise enterrée par les sables, des débris de navires perdus, des racines de pins renversés sur la pente des dunes, des goélands s'élançant sur les vagues; et enfin, trop souvent! les corps des malheureux pêcheurs que la mer rejette sur le sable de la passe... *Horresco referens*!

Un jour que j'avais été me promener au-delà de Moullo pour voir cette grande mer si majestueuse et poétique, je vis une vieille femme qui, munie d'une nasse de pêcheur, ramassait des coquillages sur la plage. Je la questionnai sur cette immense étendue d'eau qui se développait devant nous, et je ne fus pas médiocrement étonné en l'entendant me dire :

– Monsieur, droit devant nous, il n'y a que les Açores pour repos, et au-delà que Terre Neuve et les Esquimaux.

– Vous croyez ? lui dis-je.

– J'en suis certaine, monsieur; car mon père m'en a bien souvent parlé.

Elle me fit connaître alors qu'elle était fille d'un matelot de l'État, veuve d'un marin du commerce et mère d'un pêcheur de La Teste qui avait sa cabane de paille sur la plage voisine. Au moyen d'un léger don pécuniaire, elle me raconta toutes les traditions de naufrages sur ces bords, depuis ce qu'elle appelait l'Ancien Régime. Je remarquai dans ses tristes histoires quelques-unes des superstitions de tous les pays, mais une, surtout, dont je n'avais pas encore entendu parler à La Teste, et à laquelle je trouvai de l'analogie avec les croyances que j'ai rencontrées sur les côtes de la mer Baltique.

Je lui avais montré au loin ces moutons qui courent à la lame.

– Savez-vous ce que c'est, monsieur ? me dit cette femme ; ce sont les âmes des naufragés sans sépulture. La mer, vous le savez, rejette tout ce qui est impur. Aussi les corps de ces âmes sont venus

sur les grèves; mais les pauvres âmes restent et sont obligées de traîner le mouton blanc, qui n'est autre chose que la frange de leur linceul, jusqu'au rivage, pour attendre une prière ou un tombeau..., travail éternel, hélas! jusqu'à ce que la femme ou la fille d'un naufragé ait cru reconnaître la vague qui expire à ses pieds, ait fait sur elle un signe de croix, et dit la prière des morts; alors Dieu rappelle l'âme à lui, et on voit une espèce de trombe d'eau monter dans la nue qui la reçoit et la porte jusqu'au ciel...

Quelquefois les dames s'embarquent courageusement pour le cap Féret, l'ancien promontoire de Curian, mentionné par Ptolémée, qui le désigne sur l'embouchure de l'Adour et de la Garonne (ou Gironde) et que Marca, Briest, d'Anville et Beaurein placent vers le bassin d'Arcachon. Ce cap Féret, débris probable d'une terre très étendue qui se prolongeait vers l'ouest et que l'océan a détruite, offre de l'intérêt; on y observe entre autres choses les mouvements de la mer qui roule sa vague sur une chaîne de montagnes sous-marines qui part de Cordouan et finit au cap Méchaca, en Galice.

Éd. Bouchard-Huzard, Paris, 1840.

Mortemart de Boisse

Cet aristocrate (il porte le titre de baron) s'est attaché à décrire dans ses ouvrages la vie quotidienne régionale au milieu du XIXe siècle : *Voyage dans les landes de Gascogne* (1841), *La Vie élégante à Paris* (1858). Ses notations sur la ville de La Teste-de-Buch constituent à ce titre un témoignage particulièrement intéressant.

Isidore Sarramea

Fondation sur les bords du bassin d'Arcachon d'une colonie maritime spécialement destinée aux jeunes détenus lymphatiques, scrofuleux ou tuberculeux

Projet présenté à M. le Président de la République

Il est mieux et plus facile de prévenir le mal que de le réparer. Je viens, en conséquence, soumettre à votre appréciation éclairée un projet dont l'exécution immédiatement possible, réaliserait, pour notre pays, une de ces institutions de haute prévoyance, objet actuel de la sollicitude gouvernementale.

Médecin, depuis douze ans, de la Maison Centrale d'éducation correctionnelle de Bordeaux, renfermant trois cents jeunes détenus, j'ai dû, dans une population si nombreuse et généralement de malsaine origine, trouver un sujet de vif intérêt et de sérieuses études.

Appelé, bien des fois, à traiter des maladies dont la guérison est, malheureusement, trop rare, j'ai travaillé à rechercher les moyens de les prévenir [...]

Les Maisons Centrales d'éducation correctionnelle sont peuplées, on le sait, d'enfants, la plupart nés et ayant vécu dans la misère, au sein des habitations et des quartiers les plus insalubres de nos grandes villes. Parmi eux se rencontre naturellement un certain nombre de sujets, les uns porteurs de mauvaises constitutions, héréditaires ou acquises ; les autres déjà malades ou prédisposés à le devenir bientôt [...]

Si je nomme la cachexie lymphatique, les scrofules, le rachitisme, la prédisposition aux tubercules, à la pensée de ces maux terribles, dont le seul nom glace d'effroi, on comprendra, sans peine, que le régime des institutions ordinaires ne saurait suffire pour en triompher. N'est-ce pas, en effet, à ces maladies, et principalement aux phtisies tuberculeuses que sont dûs, dans nos prisons, presque tous les décès ? Et là, comme partout, la pratique médicale ne constate-t-elle pas cette affligeante vérité, que le traitement de ces affections n'est, le plus souvent, qu'une douloureuse et stérile méditation sur la mort ?

En présence de l'inefficacité de sa thérapeutique, la science ne pouvait rester inactive : elle devait chercher ailleurs les armes plus puissantes, et s'en servir pour combattre, dès leur naissance, d'aussi redoutables ennemis de la vie [...]

Oui, ces moyens préventifs sont trouvés et nous les avons sous la main. Basée sur leur méthodique application, une éducation physique bien entendue réformera ces mauvaises constitutions, détruira ces germes de maladie, de même qu'une bonne éducation intellectuelle et morale réforme l'esprit et le cœur [...]

Vérité consolante, que la nature ne démentira pas... le séjour sur les bords de mer, l'usage de ses eaux en bains et quelquefois en boisson, la navigation, l'air salé, mêlé aux émanations aromatiques des bois résineux, sont, de toutes les conditions hygiéniques, les plus favorables pour s'opposer aux dégénérescences lymphatiques et tuberculeuses, et rendre bonnes les constitutions qui en étaient menacées ou déjà même atteintes.

Fort de cette conviction, je demande que ces grands moyens prophylactiques et curatifs soient au plus tôt mis en œuvre en faveur d'une catégorie d'enfants élevés en ce moment sous l'autorité et aux frais de l'État. Je le demande avec d'autant plus d'empressement que la Gironde, avec son doux climat, offre une de ces localités où se trouvent providentiellement réunies ces conditions hygiéniques. J'ai nommé les bords du bassin d'Arcachon, à deux heures de Bordeaux par la voie de fer qui conduit à La Teste. Là me paraît devoir être fondé un établissement destiné à recevoir, des divers points de la France, les jeunes prisonniers marqués au triste cachet des vices organiques qui se résument en ces trois mots : lymphatismes, scrofules, tubercules. Pauvres êtres, voués presque tous à une mort prématurée, ou ne vivant, quelques-uns, que pour languir toujours souffreteux et invalides, à charge à la Société et à l'État.

Au nom de la science et de l'humanité, je sollicite pour eux l'inappréciable faveur d'être éloignés des lieux insalubres, où ils s'étiolaient naguère, pour être transplantés sur les bords de ce magnifique bassin, baignés par les flots paisibles de l'océan ; au milieu de ces superbes forêts de pins, dont les racines, dociles à la voix du génie, sont venues arrêter la marche des montagnes de sable ; forêts embaumées et toujours vertes, dont le parfum résineux, mélangé avec la brise salée de la mer, forme une atmosphère des plus salutaires, qui viendra aussi, à la voix de la science, arrêter la marche des maladies les plus désastreuses [...]

Respiration continuelle d'un air pur et balsamique ; exposition à la lumière et aux rayons du soleil ; aliments abondants et appropriés aux constitutions ; vêtements en harmonie avec les saisons ; habitation dans de vastes bâtiments parfaitement ventilés ; coucher sur des lits formés de plantes aromatiques et d'algues marines (zostère) ; bains fréquents et à des températures convenables dans l'eau de mer, soit pure, soit chargée, au besoin, de principes résineux ou autres principes médicamenteux ; bains de sable, travaux dans les forêts, exercice tantôt sur la plage, tantôt sur l'eau, en occupant, en temps opportun, les jeunes colons à la pêche à l'aide d'appareils adaptés à leurs forces ; balancement du corps par les

flots dans les moments de la houle; gymnastique nécessitée par les manœuvres de la marine et la natation; voyages quelquefois sur l'océan; voilà les principales forces préventives et médicatrices dont sera dotée la colonie d'ArcachonNoble et belle institution de prévoyance, cet établissement sera, pour l'État, un sujet de gloire et de prospérité. Arrachant à la souffrance et à la mort de nombreuses victimes, il en fera des hommes vigoureux, pépinière de jeunes marins aptes à défendre un jour le pavillon de la patrie [...]

Telles sont les idées sur lesquelles j'ai l'honneur d'appeler l'attention du gouvernement; heureux s'il m'est donné de les voir profiter à mes semblables!

H. Faye imprimeur, Bordeaux, 24 janvier 1850

Isidore Sarramea (Ambarès 1813 – Bordeaux 1880)
Docteur en médecine de la Faculté de Paris, c'est en tant que médecin de la Maison Centrale d'Éducation Correctionnelle des Jeunes Détenus de la Gironde que le docteur Sarraméa eut l'idée de présenter au président de la République, en 1850, puis à l'empereur Napoléon III, un projet généreux de fondation d'une colonie maritime sur les bords du bassin d'Arcachon. Il y révèle les préoccupations patriotiques de l'époque, notamment celle qui visait à assurer aux jeunes français une bonne santé à la fois physique et morale. Il développa ultérieurement son projet dans deux nouvelles études: *Un regard sur Arcachon* (1860) et *Causes et préservation du lymphatisme et de la tuberculose, fondation sur les bords du bassin d'Arcachon et sur nos côtes maritimes d'établissements destinés à préserver de ces terribles maladies les enfants qui y sont prédestinés* (1863).

Marquise de la Grange

La résinière d'Arcachon ou Marie aux yeux bleus

Autrefois on mettait quinze ou seize heures à traverser l'espace qui sépare Bordeaux de La Teste : aujourd'hui, en moins de deux heures, on le franchit [...] On entre dans les gares [...]

À peine est-on dehors qu'on trouve de jolies filles à l'œil vif, aux dents blanches que font encore ressortir leur teint brun et leurs cheveux noirs ; leur front est couvert d'un chapeau de paille, orné de velours, qui surmonte un petit bonnet blanc, dont le fond s'échappe par derrière comme une résille ; leurs jupons de couleurs tranchantes laissent voir leur jambe nerveuse contenue dans leur bas bleu. Leur pied est chaussé d'un soulier à boucle ; souvent une grosse chemise de toile de lin, montant jusqu'au cou, est leur seul vêtement à partir du jupon ; d'autres fois, un madras éclatant des vives couleurs de l'Inde, est retenu par une épingle sur leur poitrine.

Avec l'accent méridional très prononcé, elles vous engagent à prendre leur barque pour aller à la grande mer.

Nous acceptâmes leur proposition. Bientôt leurs bras vigoureux maniaient l'aviron ; nous entendîmes les doux sons de l'eau clapotante nous poursuivre ; le chant des batelières retentissait à notre oreille et se mêlait en cadence au mouvement des rames ; je remarquai quelques couplets d'une poésie touchante ; mais mon attention fut, dans cet instant, distraite par l'aspect admirable qu'offrent les immenses forêts de pins ombrageant l'océan, barrières indomptables que la sagacité de Brémontier sut opposer aux flots envahissants qui menaçaient d'engloutir cette partie de la France [...]

Nos jeunes batelières nous débarquèrent à l'un des établissements de bains. Je m'enfonçai bientôt dans la forêt ; le jour y pénétrait à peine.

Je gravissais ces coteaux sans fin qui donnent un aspect si romantique aux dunes ; lorsque j'arrivais au sommet de chacun de ces monticules, je découvrais la mer argentée et verdâtre, je foulais du pied le coret des sables, les phalaris, la linéaire à feuille de thym, l'épervière laineuse, le mélempire des prés, l'auréole odorante. A travers les branches de l'arbousier et du tamarin, je voyais le soleil couchant commencer à rougir la pointe du cap Ferret...

Éd. M. Lévy, Paris, 1857.

Marquise de la Grange (Paris, 1801 –?)
Fille du duc de La Force, elle est surtout connue comme étant l'auteur, en 1866, de la notice historique des *Lettres d'une jeune fille au temps de Louis XV*. Dans *La Résinière d'Arcachon* on trouve quelques descriptions intéressantes sur les premiers établissements de bains du Bassin qui constituèrent le début de l'engouement pour les bains de mer qui fut à l'origine de la station d'Arcachon.

Oscar Dejean

Arcachon et ses environs

Arcachon et ses environs
La Teste

Lorsque la mer est basse, le voyageur peut voir, sur les prés salés découverts, une grande quantité de chevaux landais ; ce sont les destriers que montent les baigneurs dans leurs promenades, les haquenées sur lesquelles chevauchent les baigneuses. Ces animaux, ordinairement grêles, maigres, petits, si faibles en apparence, ont une ardeur étonnante ; menés comme il faut, ils marchent pendant des journées entières sans paraître fatigués [...]

Cette sorte de bain, que la médecine appelle arénation, est un remède dont les effets sont presque toujours si souverains que son usage est, depuis longues années, populaire aux alentours d'Arcachon. Les douleurs rhumatismales les plus aiguës, longtemps rebelles aux moyens les plus actifs de la thérapeutique, disparaissent bientôt sous l'influence vivifiante de l'arénation : elles sont promptement vaincues par l'action énergique du sable imprégné de sels que la vague jette sur le rivage du Bassin ou de la mer.

Les bains de sable sont pris au lieu même que le flux vient de quitter, après que le soleil a fortement chauffé l'arène. Le malade se fait recouvrir tout le corps, ou seulement une partie si le siège du mal est peu étendu, de cinq à six centimètres de sable brûlant ; il reste ainsi exposé à l'ardeur du soleil autant que ses forces le lui permettent, en ayant soin toutefois de tenir sa tête à l'abri d'un parasol ou d'un berceau de feuillage ; et, lorsque son pouls bat avec violence, que sa figure est ruisselante et animée, qu'une sueur abondante s'échappe de tous ses pores, on l'enveloppe soigneusement dans une couverture de laine et on le met au lit jusqu'à ce que la sueur ait complètement cessé. S'il sent que son estomac est affaibli, il peut prendre un consommé et même un peu de vin pur.

Éd. E. Dentu, Paris, et P. Chaumas, Bordeaux, 1858.

Oscar Dejean (La Teste, 1818 – ?)

Élu maire de La Teste après les élections municipales de 1848, il est l'auteur en 1845 d'un *Guide du voyageur de Bordeaux à La Teste*, puis en 1858, d'un ouvrage intitulé *Arcachon et ses environs,* écrit à la gloire des bains de mer d'Arcachon, sorte d'Océanie française… Tahiti à quelques kilomètres de Bordeaux, la vie sauvage à portée de fusil du foyer de la civilisation. Pendant le choléra de 1849, il fut un maire courageux et dévoué. Républicain par résignation, il vit avec soulagement l'arrivée au pouvoir de Louis Napoléon, mais démissionna de son mandat de maire lorsqu'il fut nommé juge de paix à Pessac, en 1865.

- chevauchent les baigneuses -

Edmond About

Maître Pierre

Le but de notre promenade était une dune élevée, d'où l'on apercevait l'océan.

Je remarquai que maître Pierre se mettait en route avec ses échasses sous le bras, et je pris la liberté de lui demander à quoi ces meubles incommodes lui serviraient dans la montagne ?

– À me rappeler que ma tâche n'est pas finie, répondit-il en souriant. C'est un vœu que j'ai fait, ne vous en moquez pas. Jusqu'au jour où tous les Landais dormiront sur des matelas, je coucherai sur la bruyère. Je boirai de l'eau vinaigrée jusqu'à ce que mon peuple ait du vin à boire, et je ne descendrai de mes échasses que lorsqu'on pourra marcher à pied sec dans les deux départements. Je suis le capitaine de vaisseau, qui débarque le dernier, quand tous les marins ont quitté le bord [...]

Après une heure de promenade qui mit un peu de sable dans nos chaussures, notre petite caravane s'arrêta au point culminant de la chaîne, sur une hauteur de cinquante mètres environ. On voyait d'un côté l'océan déferlant sur la plage, de l'autre, une plate immensité de marais et de landes. Les dunes s'allongeaient comme une arête entre la mer et le pays.

Maître Pierre étendit le doigt vers l'océan et nous dit : Voici le grand ennemi de nos contrées. Il n'y a rien de plus inhospitalier, de plus dur et de plus implacable que cet océan. Non seulement il secoue les navires comme un vanneur son blé, mais il bouche tous les ports où on trouverait refuge. Le cap Breton avait un port, il n'en a plus. Le Vieux-Boucau avait presque une rade, on n'en voit plus la marque. Les grands vaisseaux ont remonté autrefois jusqu'à Bayonne, et maintenant les petits n'y vont pas sans peine. Le bassin d'Arcachon se ferme peu à peu ; il y a six cents ans que le port Saint-Vincent est fermé. Il s'appelle aujourd'hui l'étang de la Canau, vous l'avez traversé ce matin, et il est à dix kilomètres de la mer. Si la Gironde n'est pas bouchée, c'est qu'une masse d'eau comme celle-là sait toujours se faire une place.

Vous me direz que c'est un compte à régler entre l'océan et les matelots : patience ! Voici qui nous touche de plus près. Ce même océan qui se heurte là-bas tout le long du rivage, croyez-vous qu'il n'y jette que de l'écume ? Vous le supposeriez moins généreux qu'il n'est. Chacune de ses vagues apporte une pelletée de sable qui s'accumule le long de la côte. Le total de ses libéralités se monte à un million deux cent quarante-cinq millions de litres par an. Je ne parle que de la Gascogne... Le gravier qui est dans vos souliers est un cadeau de l'océan... Si vous étiez venu ici il y a cinquante ans, j'aurais pu ajouter un beau paragraphe à mon réquisitoire. En ce temps-là, les dunes marchaient contre la terre, à la façon d'une armée, en poussant les marais devant elles. On ne s'était pas encore avisé de les fixer sur place en y plantant des arbres, si bien que le sable était libre de sa personne comme la poussière des chemins. Le vent de mer l'emportait par poignées pour le jeter plus loin, et les dunes déménageaient en détail. Elles ne couraient pas comme des lièvres, mais elles faisaient leurs vingt mètres par an, une demi-lieue par siècle. Rien ne les arrêtait : on élevait des barrières, et les barrières étaient enjambées. Elles escaladaient bien autre chose, et je sais plus d'une place où, en grattant la terre avec le doigt, on retrouve le coq d'un clocher...

Mais l'océan a trouvé son maître dans la personne de Monsieur Brémontier (ici maître Pierre ôta pieusement son béret, comme Newton lorsqu'il prononçait le nom de Dieu)... C'est lui qui a eu l'idée de planter ces belles forêts qui maintiennent les dunes à leur place. Il a cherché un arbre assez rustique pour résister au voisinage de l'océan : il a trouvé le pin maritime, que la brise la plus salée nourrit au lieu de l'incommoder. C'est un arbre qui ne s'enfonce dans la terre que pour rester en place ; ses racines ne sont pas gourmandes. Il s'alimente dans le ciel comme les hirondelles ; il se nourrit de sel comme les moutons, et de l'air du temps comme les amoureux. En attendant, ce qu'il tient entre ses griffes, il ne le lâche pas. Ses racines, larges et profondes, domptent le sable et compriment vigoureusement la mobilité du sol. Si l'on pouvait semer du pin sur les vagues de la mer, la mer serait fixée et les flots ne bougeraient plus [...]

Il nous fallait une barque pour visiter le bassin d'Arcachon. Le syndic des marins d'Arès, qui se trouvait là par hasard, s'empressa d'offrir la sienne. Deux matelots de bonne volonté sollicitèrent la faveur de ramer pour lui. On nous apporta des filets et des tridents pour le cas où nous voudrions égayer la promenade en pêchant quelques éperlans et quelques anguilles... La marée était assez basse et l'eau s'était retirée à plus de cinquante mètres du bord. La plage, mise à nu, étincelait aux rayons du soleil comme un miroir de sel. Quelques bateaux à voiles couraient au large du bassin; quelques autres circulaient péniblement à la rame dans les chenaux étroits, au milieu d'énormes bancs verdâtres. Ces masses épaisses, revêtues d'herbes marines, sont plantées de hautes perches dont maître Pierre m'indiqua l'emploi. C'est à ces poteaux que chaque indigène attache ses filets, depuis le commencement de décembre jusqu'à la fin de février, pour la pêche aux canards. On y recueille tous les matins la volaille imprudente qui a donné tête baissée dans les mailles.

– Entendez-vous ? me dit-il. C'est lui qui gronde là-bas.

– Qui donc ?

– Parbleu ! l'ennemi, ou l'océan, car c'est tout un. Vous voyez ce qu'il a fait du pauvre bassin d'Arcachon. Il l'a envasé aux trois quarts, en attendant qu'il le ferme tout à fait. Nous aurions ici de quoi loger toute la marine de France, si l'eau ne manquait pas. Il est question de faire de grands travaux, de creuser des chenaux invariables, mais j'ai peur qu'on n'arrive à rien. Il faudrait un fleuve pour lutter contre la masse de sable qui arrive incessamment par là-bas. Un fleuve ! Je n'en ai pas sous la main. Cependant, faute de mieux, je crée toujours une rivière. Lorsque mon canal recevra toutes les eaux des landes, vous pouvez croire qu'il saura se creuser un lit dans le bassin à travers tous ces tas d'ordures. Mes eaux arriveront jusqu'au goulet, et j'imagine qu'elles feront un peu de résistance au sable qui nous envahit de ce côté-là. L'océan nous envoie l'eau sous forme de nuage, je le lui rends sous forme de rivière, et je le bats à l'entrée du bassin avec ses propres armes. Voyez-vous le tour ?

Librairie L. Hachette, 1859.

Edmond About (Dieuze, 1828 – Paris, 1885)
Tour à tour essayiste, auteur de théâtre, satiriste ou journaliste, c'est surtout par ses romans qu'About connaîtra un notable succès populaire. Dans un style clair et aisé, il y manifeste un talent incontestable de conteur. *Maître Pierre* nous promène sur les bords d'un océan décrit comme un personnage mythique et tout-puissant.

Henri Ribadieu

Un voyage au bassin d'Arcachon

Tiens, Céleste, voilà deux cents francs. Il y a longtemps que tu voulais voir la mer, ma bonne amie ; eh bien, tu la verras. Mets-y, s'il le faut, la somme entière, mais je veux que tu voies la mer.

– Je la verrai, sois en sûr, coûte que coûte, et foi de Céleste Patissier.

– N'oublies-tu rien, chère amie ? ta malle, ton sac de nuit, ton bonnet à fleurs, ta capote rose, ton châle hindou et tes chaussons de voyage ?

– J'ai tout cela, monsieur Patissier, rassurez-vous.

– Ton billet de troisième ?

– J'ai aussi mon billet de troisième ; il est là, piqué à ma robe.

– Ton rechange pour aller à la mer ?

– Je l'emporte comme tout le reste. Je n'ai pas oublié les recommandations de M. Renard, le directeur du musée d'anatomie : « Surtout quand vous irez à la mer, ayez un rechange, tout ce que vous avez de plus vieux et de plus laid, madame Patissier ; la mer, voyez-vous, ça salit énormément, et puis on peut faire naufrage. » Aussi, j'en ai un fameux de rechange ! et la mer peut s'en donner à l'aise…

– Adieu, chère femme.

– Adieu, cher mari.

– Apporte-moi des coquillages ; tu sais, des petits tout rosés, et puis des grands, couleur de nacre, dans lesquels, lorsqu'on les approche de l'oreille, le bruit de la mer se fait entendre. […]

Madame Patissier […] avait dédaigné, et Calais, et Dieppe, et Le Havre ; elle avait donné la préférence à Arcachon, petit golfe à peine marqué sur la carte et que fort probablement elle ne savait pas être un des coins les plus curieux de notre France… Pourquoi cette préférence ?

Les barques venaient d'être bénies (1). La plupart avaient quitté le rivage et repris la route des ports et des chenaux… Une seule tillole (2), à demi échouée sur la plage, se préparait seule à prendre la mer. Deux jeunes femmes élégamment vêtues étaient à son bord. Je venais d'obtenir une place à leur côté. Le Bassin était splendide à voir. Les goélands et les mouettes le sillonnaient en tous sens ; le soleil était chaud et le ciel sans nuage. Nous avions voulu profiter de la beauté du jour et aller au cap Ferret visiter le phare de premier ordre qui éclaire la terrible entrée d'Arcachon [...]

La barque allait partir. Les Testerines qui la conduisaient tenaient déjà leurs avirons, quand au loin, du côté de la Chapelle, trois voyageurs apparurent ; un militaire de vingt-trois ans, qu'à ses galons d'or on reconnaissait pour appartenir à cette valeureuse classe de soldats que la guerre de Sébastopol a faits sous-officiers en peu de jours, et deux femmes – l'une qui manquait de signification, l'autre au contraire qui en avait beaucoup trop.

Lourde, épaisse, les traits accusés, le teint coloré, la bouche démeublée, le tout accompagné d'un immense bonnet à fleurs, elle fit sensation...

– Je vous dis, monsieur Giraud, qu'il faut que j'aille voir la mer. Mon mari m'a dit : « Tiens, voilà deux cents francs... »

– C'est bon, madame Patissier, vous nous avez dit cela cent fois à Madame et à moi, depuis que le hasard nous a fait vous rencontrer. Vous vouliez voir la mer ; nous y voici.

– Nous y voici ! nous y voici ! c'est possible ; mais il faut que je fasse dessus un petit voyage.

Et comme les avirons des Testerines plongeaient déjà dans le bassin :

– Si ces dames voulaient nous donner une place... en payant. N'est-ce pas, mesdames, si je payais, que je pourrais entrer dans le bateau ? Mon mari m'a donné deux cents francs...

– Entrez, madame, dit en souriant l'une des passagères, nous nous arrangerons toujours bien.

L'embarquement se fit sans événement fâcheux et selon l'usage du bassin.

Les Testerines se mirent à l'eau jusqu'à mi-jambe, prirent les voyageurs sur leur dos et les portèrent à bord. Madame Patissier, malgré sa masse imposante et grâce aux bras nerveux de celle qui l'avait chargée sur ses épaules, put arriver à sa destination sans trop d'avaries.

Madame B... gardait le silence. Il est vrai que madame Patissier avait repris ou plutôt n'avait pas lâché la parole :

– Est-ce bien en mer au moins que nous sommes, monsieur Giraud ?

– En pleine mer, madame Patissier.

– C'est que, voyez-vous, mon mari m'a dit : « Tiens, voilà 200 francs, je veux à tout prix... »

– Si vous en doutez, vous n'avez qu'à goûter l'eau.

– C'est vrai ; c'est du vrai sel. Il a dû même en falloir une fameuse quantité pour lui donner ce goût. Mais dites-moi, est-elle partout salée ?

– Partout.

– Et cette mer, où va-t-elle ? Je ne vois de tous côtés que des montagnes couvertes de sapins.

– De pins, madame Patissier.

– Je veux que tu vois la mer –

– De pins, si vous voulez, ça ne fait rien à l'affaire. Et mon mari qui me disait : « Tu verras comme c'est beau, la mer. Il n'y a que l'eau et le ciel, et aucune terre à l'horizon. »

– Vraiment il vous disait cela ?

– C'est comme j'ai l'honneur de vous le rapporter. Et monsieur Renard ajoutait : « Vous verrez des vagues grosses comme le mont Valérien, et de grands navires avec des mâts aussi hauts que le Panthéon »...

Le 25 mars 1858, le jour de l'Annonciation, il y avait eu grande fête sur les bords du Bassin. La plage, l'avenue qui conduit à la chapelle et la longue rue d'Arcachon avaient été envahies par une foule immense, – tous pâtres, résiniers ou pêcheurs, venus des points les plus éloignés de la lande ou du golfe pour assister à la bénédiction des bateaux.

La bénédiction a lieu chaque année au pied d'une grande croix de fer élevée à quelque vingt mètres de la petite église, et si près de la mer, que la marée haute en effleure la base.

Impossible de rendre le coup d'œil que présentent alors la ville et le bassin d'Arcachon. C'est à la fois la fête nationale et religieuse de la contrée. Il y a ce jour-là débordement de landais ; ils surgissent de partout. On dirait que les dunes et les pignadas les enfantent à plaisir. Ils arrivent dès la veille, ceux-ci en chariot, ceux-là sur des échasses de quatre pieds de hauteur, tous les autres en bateau. Ils bivouaquent la nuit en plein vent comme les Arabes, avec lesquels ils ont tant de rapports, allument de grands feux et se couchent enveloppés dans leurs peaux de mouton, retranchés derrière leurs chars ou abrités par des tentes légères.

On dirait un campement de peaux-rouges au pied des montagnes Rocheuses, sur les bords de l'Orégon ou du Grand Lac Salé.

(1) : Le 25 mars 1858, jour de l'Annonciation et Fête d'Arcachon
(2) : Barque

Éd. Jules Tardieu, Paris, 1859.

Une colonie grecque dans les landes de Gascogne

À une époque qu'il est difficile de préciser, postérieurement sans aucun doute aux temps héroïques, mais si l'on consulte la vraisemblance, antérieure au siècle de Périclès, quelques milliers de Crétois, que le trop plein de leur île repoussait de leur patrie, partirent avec leurs enfants et leurs femmes sur leurs galères les plus solides.

Aiguillonnés par les découvertes des Phéniciens qui, déjà, avaient franchi les colonnes d'Hercule et colonisé les côtes d'Espagne, ils passèrent, à leur tour, le mystérieux détroit et, remontant les régions où brille la Petite Ourse, se trouvèrent sur la route qui devait les conduire au pays des Celtes.

Arrivés dans le golfe que forment la Péninsule Ibérique et la Gaule, ils éprouvèrent les coups de temps que cette mer orageuse n'épargne jamais aux navigateurs.

Les Crétois, poussés par la tempête vers une côte sauvage, qui ne présentait ni port ni anfractuosités, voyaient avec désespoir le moment où leurs navires allaient se briser contre les sables du littoral, lorsqu'ils aperçurent l'entrée d'une petite mer qui pouvait seule leur donner un abri.

Ils y dirigèrent la proue de leurs vaisseaux, mais plus ils approchaient, plus la mer devenait forte. Une ligne de brisants formés par des bas-fonds obstruait en partie l'entrée de ce port naturel, et une pointe de terre qui s'avançait en forme de cap se montrait comme un dernier obstacle à franchir.

Bien que les flots y donnassent avec fureur, les Crétois ne pouvaient atteindre le port sans raser le cap d'assez près. Il fallait le doubler ou périr. Ils firent appel à leurs rameurs, s'encouragèrent de la voix et du geste et, confiant le gouvernail aux mains les plus habiles, s'élancèrent résolument vers la terrible ouverture. Leur audace fut couronnée de succès et le cap heureusement dépassé. Aux eaux furieuses de l'océan avaient tout à coup succédé des eaux calmes et presque endormies.

Les Grecs appelèrent la pointe si difficilement accessible le cap de « l'Appel au courage » (*Phéré*), et Le Havre où ils avaient trouvé un si précieux refuge « le port des secours » (*Arkéséon*). »

1864.

Henri Ribadieu (Coimères, 1825 – ?)
Rédacteur en chef du journal légitimiste *La Guienne* ainsi que du *Courrier de la Gironde*, féru d'histoire locale, Ribadieu est notamment l'auteur d'une plaquette éditée en 1864 : *Une colonie grecque dans les landes de Gascogne entre l'an 1200 et l'an 550 avant Jésus-Christ*, dans laquelle il défend la thèse d'une colonisation des landes de Gascogne par les Grecs, thèse basée essentiellement sur la consonance hellénique de nombreux noms de lieux et de personnes, aussi bien que sur la similitude de certains usages. Il reprend en cela le sujet d'interrogation, déjà exprimé par l'abbé Baurein en 1786. Aujourd'hui, et tant pis pour les amateurs d'exotisme, cette thèse a été définitivement rejetée par les plus éminents linguistes. Arès ne porte donc pas le nom du dieu grec de la guerre, Arcachon n'est pas le port de refuge *Arkéséon*, Le Teich n'est pas *Teichos* (fortification) ni Mios une altération du nom du beau et séduisant Minos.

– – des eaux calmes et presque endormies – – (1864)

Elisée Reclus

La ménagère de La Teste

La ménagère est le véritable chef de la maison, aussi bien à La Teste que dans toutes les autres villes du littoral français habitées par des pêcheurs. C'est la femme qui dirige seule les affaires de la communauté pendant les longues absences du mari. Sur elle peut tomber aussi d'un moment à l'autre tout le poids de la famille, et si, par malheur, l'homme périt dans quelque naufrage, c'est à elle qu'incombe le soin d'élever les fils pour ce dangereux métier de marin qui a déjà coûté la vie à leur père. La femme décide le plus souvent en dernier ressort dans toutes les transactions commerciales et se charge de vendre les produits journaliers de la pêche.

Revue des Deux Mondes, *15 novembre 1863.*

Elisée Reclus (Sainte-Foy-la-Grande, 1830 – Thourout, près de Bruges, 1905). Ce géographe est connu aussi comme théoricien français de l'anarchisme. Ayant dû quitter la France pour s'être opposé au coup d'État de 1851, rallié à l'insurrection de la Commune, prisonnier des Versaillais et condamné à 10 ans de bannissement, à son retour en 1857, il voyagea en Europe et en Amérique et publia de nombreux ouvrages et des articles de revues et séjourna à Arcachon. Il y revint en 1892 passer quelques jours chez son ami, Nadar. C'est dans la *Revue des Deux Mondes* qu'il publia un texte consacré à la typologie de la femme testerine.

F. Dubarreau
Guide pratique de l'étranger à Arcachon

Le voyageur qui part de Paris pour se rendre à Arcachon peut choisir ses heures. S'il est malade ou craint la fatigue, le train le plus convenable est pour lui l'express de 10 h 45 minutes du matin. Il arrive à Bordeaux à 10 h 15 minutes du soir, après un trajet de moins de douze heures. Mais il est alors obligé de coucher à Bordeaux. [...] Les voyageurs que n'effraient pas les nuits de voyage prendront à Paris l'express de 8 h 15 du soir. Ce train arrive directement à Bordeaux à la gare Saint-Jean par le magnifique pont sur la Garonne qui relie les deux gares, à 7 h 05 du matin, et correspond, sans lacune presque, au train de 8 h 10, direct pour Arcachon, sans embarras de bagages, car ils peuvent être enregistrés à Paris directement pour Arcachon, sans frais d'hôtel ou de voiture. [...] La durée du trajet de Paris à Arcachon est donc, en somme, de treize heures.

[...] Arcachon, dont l'origine remonte à peine à 1823, compte aujourd'hui 1500 maisons et une population fixe de 4000 habitants. Le nombre des baigneurs qui la visitèrent en 1863 atteignit le chiffre énorme de 280 000. [...]

Partir c'est quelque chose, arriver c'est beaucoup, s'installer est bien plus encore. On vient pour la première fois peut-être dans un pays nouveau, dans quelque ville transformée d'hier, on brûle en quelques heures 500 kilomètres, et la nuit commencée à Paris s'achève à Arcachon. [...]

Arcachon est aujourd'hui peut-être l'une des villes de bains les mieux organisées. La gare des voyageurs, l'une des plus remarquables du réseau, comprend une longue marquise vitrée, abritant les trains au départ et à l'arrivée. Les omnibus de la Compagnie et des voitures particulières sont rangés dans la cour extérieure. [...] Deux lignes d'omnibus desservent la gare. Elles comportent quatre omnibus à 14 places d'intérieur et deux voitures de famille à 6 places. [...]

Nous avons dit plus haut que les voitures à Arcachon étaient confortables et bien attelées. Il y en a de plusieurs espèces, mais elles ont toutes une physionomie locale qu'on ne saurait retrouver ailleurs. Ce n'est pas le fiacre colossal de Bordeaux ou le lourd coupé de Paris, le cab haut perché de Londres ou la caisse dépenaillée de Dublin. Toutes les formes sont neuves ici : tout est frais, coquet, luisant. Le poney-chaise, le basket de famille, la victoria élégante, le panier coquet, sont les types les plus généraux. Une décision récente de la municipalité astreint les cochers au bulletin, et les tarifs ont dû être affichés dans les voitures elles-mêmes. [...]

Le château Deganne, qu'on aperçoit au bout de l'avenue de la gare, est une fort gracieuse imitation de Chambord. La villa Grangeneuve est une élégante chartreuse. M. le comte de Montaut s'est fait construire un petit hôtel à pignon d'une remarquable facture. Mme la maréchale de Saint-Arnaud y possède un cottage charmant, caché dans les treilles et les arbousiers ; Mme la baronne de Tartas, une délicieuse retraite ; M. Noël, un vaste logis à quatre façades ; M. Nat. Johnston, administrateur des Chemins de fer du

le panier coquet

Midi, un chalet princier; M. Labouret, le puissant architecte du Grand Hôtel, une heureuse reproduction suisse, à deux escaliers de la plage; Mme Lopes-Dubecq, deux kiosques dorés; M. le baron Portal, un jardin fleuri; M. le vicomte de Courcy, une idylle. Nous citerons encore la confortable demeure de M. Hameau, inspecteur de la station; celles de l'amiral d'Attainville, de M. Lamarque de Plaisance, maire d'Arcachon, deux terrasses de fleurs sur un bosquet feuillu, l'un des premiers jalons de cette prospérité féconde; les quatre ou cinq pittoresques constructions de Mme Lafon, etc., etc., etc. L'inventaire de toutes ces créations ravissantes remplirait un volume, et nous ne faisons pas une encyclopédie.

Mais nous devons spécialement signaler la somptueuse villa de M. Péreire, située à l'extrémité d'Arcachon, sur un délicieux mamelon de dune, aujourd'hui mosaïqué de parterres savants, émaillés, pimpants. Au pied, le Bassin; en face, l'océan. De pittoresques sentiers ondulent dans les gazons verts, aux flancs de cet escarpement superbe. De larges terrasses entourent le rez-de-chaussée. Les portes du salon d'honneur ouvrent sur ce grand palier. La façade est de style suisse. Chaque croisée a son balcon de dentelle. D'élégantes frises encadrent le toit. C'est un lambrequin de malines. Des losanges de glace étincellent à travers les boiseries comme des plaques d'acier poli, et l'œil se perd ébloui à travers ce fouillis étrange. C'est mouvementé, puissant, audacieux, désespérant. L'intérieur est du plus heureux agencement. Les pièces sont vastes, les plafonds hauts, les longs corridors éclairés, les tapisseries du meilleur goût. La décoration est sobre et de beau style. Les roses poussent dans les cheminées, les volubilis ferment les trumeaux, et ce sont là de belles et bonnes fleurs, toutes fraîches, toutes grand ouvertes, venues toutes seules dans ces parterres suspendus sur des chapiteaux de marbre.

La plus fine ciselure de Cellini, la meilleure cariatide de Pradier, ne valent pas, à notre avis, ces grappes de fuchsias et de chèvrefeuilles, si joyeuses et si parfumées: c'est le dernier mot de l'art ingénieux et de la coquetterie opulente...

De l'usage des bains de mer
Conseils aux baigneurs

1°– Ne pas se baigner le matin de bonne heure, au sortir du lit, ni avant dans la nuit; adopter l'intervalle compris entre huit heures du matin et sept heures du soir;

2°– Prendre un peu de repos avant le bain lorsqu'on a le sang échauffé par un long voyage, ou le corps suant à la suite d'un exercice pénible ou de quelque promenade trop rapide et trop prolongée;

3°– Ne pas se baigner aussitôt après avoir mangé; attendre trois ou quatre heures, selon l'activité de l'estomac, pour que la digestion soit complètement achevée;

4°– Ne permettre le bain aux enfants et aux personnes faibles qu'après leur avoir fait rompre le jeûne par un léger repas, suivi de trois ou quatre heures d'exercice modéré. Cet exercice est également salutaire aux personnes bien portantes;

5°– Renoncer à l'usage du bonnet de taffetas ciré, qui a le grave inconvénient, non seulement de s'opposer à la transpiration de l'enveloppe cranienne, mais même de la refouler, et de causer des névralgies ophtalmiques;

6°– Se coiffer d'un chapeau de paille à larges bords, au travers duquel l'air et l'eau pénètrent également bien, et qui, de plus, a l'avantage de préserver la tête de l'ardeur du soleil;

7°– Se mouiller la tête en entrant dans la mer. Ce rafraîchissement est essentiellement favorable, parce qu'il prévient les céphalgies, les pesanteurs de tête, l'insomnie, l'agitation dans le sommeil, si fréquentes, pour ne pas dire inévitables, chez les baigneurs qui négligent ou frondent l'ablution de la tête;

8°– Ne pas rester au bain dans une immobilité complète, mais éviter d'en sortir et d'y entrer alternativement comme on le fait souvent;

9°– Sortir du bain avant l'arrivée du second frisson, qui doit être calculé à partir du moment où le premier saisissement occasionné par l'entrée à la mer est dissipé, jusqu'au moment où, la sensation du froid s'accroissant, on frissonne encore et l'on éprouve des resserrements spasmodiques, des contractions involontaires ;

10°– En sortant de l'eau, s'essuyer vite avec du linge bien sec, mais sans être chauffé, depuis les pieds jusqu'à la tête, en frictionnant assez fortement la peau, sans crainte de la faire rougir, et prendre un léger exercice rendu d'autant plus actif qu'on se sentira plus refroidi ;

11°– Ne pas user d'eau tiède ou chaude pour se laver les pieds au sortir du bain et se servir de l'eau de mer froide puisée au bassin ;

12°– Ne pas suivre le conseil, trop souvent répété, de ne point s'essuyer le corps en sortant du bain et de garder sur la peau l'eau adhérente à sa surface. Cette pratique fait perdre complètement l'effet du bain, et même encourir les plus grandes chances de contracter les maladies produites par le contact trop prolongé du froid sur l'enveloppe extérieure de nos organes.

Éd. Gounouilhou, Bordeaux, août 1864.

F. Dubarreau

Il est l'un des nombreux auteurs qui ont écrit les guides touristiques destinés à faire connaître les nouvelles stations balnéaires à la fin du XIXᴱ siècle. *Le Guide de l'étranger à Arcachon* était vendu « dans toutes les gares de chemin de fer ». Il est illustré de vingt gravures sur bois d'après les photos de Terpereau et de la carte générale d'Arcachon et de ses environs.

Claude Journiac

Contes arcachonnais

C'était par une belle journée du mois de juillet; le soleil brillait dans tout son éclat. Soudain, dans un des fourrés les plus épais de la forêt d'Arcachon, on entendit un sifflement aigu et prolongé.

Les broussailles gémirent, et un énorme serpent se dressa sur ses anneaux, effrayant de colère. Il siffla une seconde fois; à ce sifflement, mille autres sifflements répondirent, et bientôt une multitude de serpents l'entoura.

Le Roi des Serpents promena alors ses yeux irrités sur ses sujets, et il leur dit: – Il y a vingt ans, notre empire s'étendait du bord de l'océan à l'extrémité du Bassin. Nous étions les maîtres et seigneurs de cette immense forêt. Mais l'homme est venu, et aussitôt la lande a été défrichée, les pins ont été arrachés. Une ville s'est élevée. Voyez-vous ces chalets, ces villas, semés parmi les arbres? L'homme bâtit tous les jours, disant sans cesse: En avant! en avant! – Guerre à l'homme. Il reste notre ennemi. Que la haine, la jalousie, l'orgueil, toutes les mauvaises passions soient déchaînées contre lui! Partez! messagers des ténèbres: glissez-vous au plus profond de son cœur, que vous mordiez de votre dard empoisonné. J'ai dit: Allez!

Les reptiles s'agitèrent et disparurent, répétant en chœur: Guerre à l'homme!

Le Roi des Serpents se mit alors à rire; son rire strident, infernal, résonna dans toute la forêt. Puis il subit une étrange métamorphose. Des cornes lui vinrent au front; ses écailles se changèrent en un vêtement couleur de feu. Ses doigts crochus brandissaient une longue fourche. Mais un terrible éclat de tonnerre retentit. La terre s'entrouvrit, et Satan retourna dans les enfers…

– Marguerite, dit Maurice, regarde comme l'eau s'agite là-bas; c'est peut-être bien une baleine?

– Une baleine! fit la fillette, tu sais bien que maman nous a dit qu'elles ne venaient pas dans la petite mer d'Arcachon.

... extraordinaire, c'était une Sirène. 1878

– C'est pourtant bien quelque chose, Mague !

Tout à coup les vagues se soulevèrent un peu plus fort, et un merveilleux poisson nagea vers les enfants.

Il avait une jolie tête de femme ; sa longue chevelure flottait sous la brise ; ses mains étaient fines et blanches, et à ses doigts brillaient de magnifiques rubis.

Le poisson extraordinaire, c'était une Sirène, dont l'espèce est devenue si rare qu'on n'en voit plus [...]

Sur le dos de la Sirène, les enfants firent beaucoup de chemin en fort peu de temps. Bientôt Arcachon disparut à leurs yeux ; ils doublèrent le cap Ferret et les voilà en plein océan...

Ed. Librairie Ferret, Bordeaux, 1878.

Claude Journiac

Auteur éclectique. Il écrit aussi bien des *Conseils pratiques sur l'arboriculture fruitière* (1870) que des ouvrages régionalistes tels *Scènes de la vie médoquine* (1879). Ses *Contes arcachonnais* représentent le premier ouvrage « à l'usage des enfants » inspiré à un auteur par le bassin d'Arcachon.

Louis Branlat

Vingt-quatre heures à Arcachon

– Vous serez pour longtemps à Arcachon, madame ?

– Eh ! mon Dieu, pour un mois, madame.

– Ah ! vraiment, et moi aussi.

– On pourra se voir alors ?

– Mais oui, madame.

– Vos enfants sont très gentils, je les voudrais bien pour compagnons des miens. Car, voyez-vous, sur la plage, on ne sait pas qui ils peuvent fréquenter.

– Oh ! pour cela vous avez bien raison, madame. Ce peuple aujourd'hui se mêle de tout, la première modiste venue vous semble aux eaux une grande dame et vous ébouriffe de son luxe.

– Est-ce que vous demeurez aux environs de la plage ?

– Non, dans la forêt, nous y avons loué une très belle villa. J'ai d'ailleurs la poitrine un peu faible, l'air des pins me fera du bien, je crois. Et puis comme monde, c'est moins mêlé, bien moins.

– Quel dommage ! J'ai loué sur la plage ; on se verra moins souvent, alors. Mais voyez-vous, mes enfants sont un peu pâles, alors j'ai jugé que l'exercice, les courses sur le sable, et puis l'air du bassin les fortifieraient davantage. J'aurais été dans la forêt autrement. [...]

Arcachon !... Arcachon !... Il semble que dans ce mot qui résonne il y ait une magie, et tandis que sitôt franchie la barrière de la gare les arrivants se livrent aux embrassades et aux doux épanchements, que les femmes prennent le bras de leurs maris, que les moutards rendus plus turbulents encore par cette liberté sous ces grands soleils fortifiants se cramponnent à l'autre main, l'étranger, lui, bade, ouvre autour de lui ses yeux très grands pour bien voir et saisir l'aspect et la physionomie des choses et des lieux.

Avec cette méthode qui caractérise le touriste, il ouvre déjà son guide pour voir si M. Joanne a bien décrit la gare, qui est d'ailleurs

un pavillon charmant, et ne lui en a pas dit plus qu'il n'y en avait.

Mais une avenue s'en va devant lui, une large avenue plantée de platanes ; il n'a qu'à la prendre, elle ne peut mener qu'à la plage. Un château magnifique avec tourelles et pignons apparaît tout au bout, à travers un rideau de feuillages. C'est le château Deganne, une immense et belle bâtisse du plus beau type, qui d'un côté fait face au boulevard de l'Océan (*sic*), de l'autre à la plage.

Voilà le touriste au cœur même d'Arcachon et pour être en pleine ville, en plein centre, au milieu de l'animation et du mouvement, il n'a plus qu'à prendre sur sa gauche, à suivre le boulevard de la Plage, et bientôt il aura trouvé l'hôtel de ses vœux.

Mais voici le Grand-Hôtel qui dresse avec fierté sa masse élégante et aristocratique tout en face de la mer, dont les flots aux heures des marées lèchent les marches polies et blanches comme du marbre.

Depuis quelques années, nulle autre part ailleurs les étrangers ne sauraient trouver avec ce luxueux confort qui distingue le Grand-Hôtel, une situation plus heureuse que celle de ce quartier du boulevard de l'Océan (*resic*), avec son animation constante, ses défilés de voitures, ses départs et ses arrivées, qui donnent à ce centre des affaires et des plaisirs une physionomie si imposante, si grandiose et si originale.

L'installation au Grand-Hôtel est d'ailleurs remarquable : les salons succèdent aux salons, salons de lecture ou de conversation. Toutes les langues s'y parlent à la fois dans le va-et-vient continuel des étrangers. [...]

Il est dans la journée une heure à passer sur la plage adorable entre toutes, l'heure du bain.

Avec la marée montante une toute petite brise est venue du large qui fait onduler les rubans, les fanfreluches, les pavillons, les oriflammes, soulève légèrement les tentes installées sur la plage, les grands chapeaux de paille, et vous apporte au visage par cette implacable chaleur qui tombe ainsi que du feu de ce ciel immaculé d'août, une indéfinissable et délicieuse impression de bien-être et de fraîcheur.

La plage presque déserte tantôt, à demi-morte sous le soleil qui torréfiait le sable, rôtissait la bordure de goémons et d'algues, s'anime maintenant ; de toutes les ruelles, de tous les chalets débouchent de jeunes et jolies femmes en fraîches toilettes, délicieuses sous les grandes ombrelles blanches ou roses, le petit ouvrage manuel ou le roman à lire à la main, tandis que tout à côté, bébé a passé son bras dans le pliant et ballotte les accessoires indispensables de toute partie d'amusement sur le sable, la pelle, le seau en fer-blanc à raies multicolores et la petite charrette. Sur les terrasses, les jeunes filles se promènent dans cet élégant négligé, dans cette mise si distinguée dans son abandon et sa simplicité même des bains de mer.

Tout un va-et-vient s'est établi du bord de l'eau à la cabine ; on fait prendre l'air aux vêtements de bain, on prépare le petit baquet que tantôt on remplira d'eau de mer, et pendant ce temps l'eau gagne de place en place, avançant toujours, soulevant les pinasses échouées qu'elle met à flot peu à peu. Les pantalons relevés jusqu'aux genoux ou bien les jupes retroussées, fillettes et garçons poursuivent les crabes sous les barques, grimpent sur les bateaux, et jettent de grands regards d'envie sur leurs aînés qui, ceux-là, rament et longent le bord dans un canot. On rentre également des parcs, car les crassats sont maintenant couverts par l'eau, partout sur le bassin on ne voit plus que des voiles et une à une les pinasses viennent atterrir débarquant hommes et femmes en pantalons rouges. [...]

Mais déjà les baigneurs apparaissent ici et là avec leurs éclatants caleçons et leur maillot de flanelle rouge, c'est le signal du bain ; les plus intrépides ouvrent le feu, ou plutôt la marche. C'est le moment où le flâneur qui fume son cigare nonchalamment étendu sur le sable dans une bande d'ombre éprouve une vraie jouissance, jouissance quelque peu méchante d'ailleurs, mais tout intime et faite d'un tas de petites curiosités malignes satisfaites, de remarques plus ou moins charitables à l'adresse du prochain, de réflexions plus ou moins gauloises. Car ce que l'on cherche avant tout, c'est le revers de la médaille, c'est le défaut que rien plus ne saurait celer.

Et la baignade commence, celle des enfants d'abord, au milieu d'un concert de piailleries, de rires, de pleurs, de grincements de dents, de poursuites et de jaillissements d'eau furibonds ; on croirait assister aux ébats d'une endiablée troupe de marsouins.

Des groupes cependant se détachent, de temps à autre, un homme, une femme ; la cabine se referme sur eux pour bientôt redonner passage à quelque fantaisiste maillot, à quelque joli costume de marin qui laisse voir des bras délicieux, des attaches fines, un brin de mollet, des pieds d'une petitesse ravissante et dont on croquerait volontiers. Un brin de modestie dans la mine et le maintien rehausse aussi tout cela et l'eau un peu froide cause de ces indécisions adorables dont le regard profite pour étudier les profils ; on en rit de loin, on interpelle, on donne courage et puis au sortir de l'eau, quand le costume affecte sous le ruissellement qui fige l'étoffe sur les chairs des collants par trop indiscrets et révélateurs, eh bien ! l'on se frotte les mains, parbleu ; l'on n'ignore plus rien de ce que l'on voulait connaître. Oh ! ces sorties de l'eau, qui n'en raffolerait pas ? Après les demi-décolletés des soirées de l'hiver, le collant révélateur du bain. Ravissant ! Ravissant !

Et puis le costume a cédé quelquefois en tel endroit que ma plume ne nommera jamais ; la chose est fréquente chez ces énormes personnes à qui l'ampleur des formes joue de ces mauvais tours. Et l'on rit et l'on chuchote, tandis qu'avec un calme imperturbable, l'innocente victime des railleurs de la galerie continue à tourner le dos et plonge et s'élève alternativement au-dessus de l'eau.

Avez-vous aussi remarqué ces quelques modes les plus pratiquées de se jeter à l'eau ?[...] Les unes, les plus jeunes, prennent vers la mer une course trottinante, faisant sauter l'eau de tous côtés ; ce sont les plus pétulantes ; d'autres arrivent gravement à pas comptés, et s'assoient d'un mouvement automatique, battant ensuite l'onde salée du plat de leurs deux mains ; il en est qui, plus précautionnées, vont dans la mer jusqu'à mi-jambes, contemplant avec une notoire indécision les quatre points cardinaux, se tamponnent le front, la poitrine, le dos, et puis plongent, ne laissant voir que leur résille jaune, tournant le dos aux habitués de la plage ; certaines, les plus indolentes, se font porter à pleins bras par leur baigneur, douillettement blotties dans une longue houppelande de

flanelle, par crainte sans doute d'abîmer leurs mignons petits petons, etc.Il est rare alors que quelque gros monsieur respectable et barbu ne survienne pas pour se mêler à la troupe féminine. Et comme on n'a plus rien à craindre avec lui, on renouvelle au sein de l'onde les rondes mythologiques des nymphes et des tritons. [...]

Le matin [...] est tout aux emplettes: jeunes femmes, jeunes filles, transformées en ménagères sitôt pris le premier bain, celui qui a précédé le déjeuner, vont et viennent de leur villa aux fournisseurs et au marché, tandis que bébé, sous l'œil de la gouvernante ou du papa, travaille avec une maussaderie bien caractérisée à ses devoirs de vacances. Ce sont alors des toilettes très simples que vous rencontrez, mais dont le négligé, loin d'exclure cette élégance féminine qui ne perd nulle autre part davantage qu'aux bains de mer, ajoute au contraire en charme et en simplicité à cet abandon matinal.

L'après-midi, vous en savez l'emploi: la plage la prend dans son entier; à l'abri du grand parasol piqué dans le sable, on se livre au travail manuel ou bien à la lecture du dernier roman.

Mais le soir, c'est autre chose, tout s'éclaire, tout s'illumine: on court les bazars, on fait cercle autour des chevaux de bois, des roulettes, des billards; les billets se placent, les enjeux sont jetés sur le tapis et cela au milieu d'une animation, d'une joie, d'une gaieté, qui éclatent de toutes parts. Les orgues de barbarie jouent leurs vieux répertoires; devant les cafés où l'on prend le frais tout en consommant un sorbet ou une glace, des Italiens pincent de la harpe avec accompagnement du violon, exécutant les grands airs d'opéra de leur maestro préféré, Verdi. Et c'est un courant de foule qui se transporte, curieux de tout voir, du boulevard de la Plage et des bazars qui s'y trouvent à la rue du Casino.

Ce dernier d'ailleurs a illuminé, et de là viennent, apportés de temps à autre par le vent, des bruits de musique et d'orchestre.

Mais ce n'est là que l'ordinaire. Or l'on s'amuse beaucoup à Arcachon, et tout y est prétexte à amusement; aussi n'est-il pas rare de voir sur le Bassin se promener de grandes lueurs qui se croisent ainsi que des feux follets; ce n'est autre chose qu'une pêche aux flambeaux. Et des barques partent des fusées, des pétards qui vous donnent, dans le noir où s'enfonce et se perd le Bassin, l'illusion d'étoiles filantes. Ce sont les soirs de régates surtout qui sont gais, avec l'animation extraordinaire et le va-et-vient des barques, d'où partent en gerbes éblouissantes les feux d'artifice et les feux de bengale.

Éd. Gounouilhou, 1886.

Louis Branlat

Journaliste à *La province*, Louis Branlat est le fondateur, en 1882, de *La Vie bordelaise*, journal du *high life* bordelais. Il écrit dans *24 Heures à Arcachon*, avec une grande finesse d'observation, les moeurs nouvelles des premiers pratiquants des bains de mer, en cette fin du XIXe siècle.

Henri de Toulouse-Lautrec
Correspondance

À Madame L. Tapié de Céleyran
Arcachon, [été 1887].

Ma chère Bonne-Maman,

Je suis revenu un peu brusquement ici, l'avouerai-je à ma honte, ayant pris goût au *farniente* du bateau à Arcachon où j'ai brillamment soutenu la tradition de famille en faisant pêcher un cormoran qui a fini tristement, mordu intérieurement par une anguille qui lui a peut-être simplement bouché la rosette, ce qui fait qu'il est mort *manque d'air*, comme disait le Marseillais.

Aussi, en ce moment, je me mène avec plus de persévérance que de résultats moi-même par l'oreille à mon atelier qui est bien restreint auprès du Bassin...

À sa mère
Taussat, samedi [août septembre 1893].

Ma chère Maman,

Me voici de retour à Taussat, ayant fait un voyage magnifique et mouvementé. La dernière journée a été dure, les hommes ont dû passer l'embarcation sur de véritables rapides, sur des rochers. Nous avons fait tout le trajet de Cazaux à Mimizan avec nos propres ressources, campant et faisant la popote nous-mêmes, les plus paresseux couchaient à l'hôtel, mais payaient ce confort relatif par des punaises et autres babaous. Moi, j'ai divisé mes plaisirs. Bourges était avec nous (1).

Nous avons eu une chaleur remarquable, mais avec deux ou trois bains par jour, nous avons pu la supporter. Je vais revenir là-bas dans quinze jours avec des cormorans...

(1) Henri Bourges a laissé un manuscrit dans lequel il raconte ce même voyage à Mimizan, en compagnie également de Louis Fabre, Paul Viaud et Maurice Guibert : « Lundi matin, nous sommes partis cinq avec deux matelots et une périssoire (sur un wagon) par le chemin de fer de La Teste à Cazaux. Arrivés à Cazaux, nous y avons traversé l'étang dans toute sa longueur, puis la rivière qui le relie à l'étang de Biscarrosse. Nous avons couché à Biscarrosse. Nous avons couché sous la tente. Nous avions emporté des provisions pour la route. Nous achetions des poulets, du mouton et des légumes frais. Nos matelots faisaient la cuisine mieux que la cuisinière. Les matelots et le bateau appartiennent à un de mes amis. Nous avions du vin dans un baril.
Le deuxième jour, nous sommes allés de Parentis à Sainte-Eulalie.
Le quatrième jour, nous avons descendu le canal avec de grandes difficultés, à cause des rapides et des chutes d'eau. Nous avons presque tout le temps marché, soulevant notre bateau au-dessus des passages difficiles.
Nous avons couché à Mimizan, à l'hôtel. C'est de là que je suis parti ce matin en chemin de fer... »

À Gustave Geffroy
Chez M. Fabre, Taussat, Gironde,
[septembre 1893]

Cher Monsieur Geffroy,

Je suis dans une maisonnette isolée au bord de la mer, à peu près nu depuis huit jours...

À sa mère
Mercredi [août 1896]

Ma chère maman,

Je viens de passer deux jours à bord du vapeur de Johnston, et j'ai assisté à la grande pêche. C'est extraordinaire, et je ne me lancerai pas dans des descriptions oiseuses. Dites-vous seulement qu'on rejette à la mer à coup de pelle pour 300 F de poisson de rebut par jour. On ne garde que la crème.

Les marins sont très gentils et nous ont fait manger des soupes au poisson redoutables. Gardez-vous de parler de tout cela à âme qui vive, car nous avons dû donner notre parole, Guibert et moi, de n'en pas parler même à Fabre et à Viaud. Monsieur Johnston (1) est criblé de demandes, et ne saurait qui entendre si une fois il entrebâillait sa porte.

(1) Le propriétaire du fameux bateau, membre d'une famille qui jouait un grand rôle dans la vie politique, artistique et économique de Bordeaux.

À sa mère
Taussat, dimanche, [été 1899]

J'ai perdu un de mes cormorans qui a dû se mordre les palmes de m'avoir quitté, car les habitants d'Audenge l'ont reçu à coup de fusils, et son cadavre a jonché la plaine...

Éd. de Herbert Schimmel, Gallimard, 1992.

Henri de Toulouse-Lautrec (Albi, 1864- Malromé, 1901)
Le peintre découvre à l'âge de 21 ans le bassin d'Arcachon, proche de la

demeure de sa mère, le château de Malromé. Dès lors, il y passera de nombreux étés. On le trouve d'abord à Arcachon, à la villa Richelieu ou au chalet Delis-Moureau. Il fréquente tous les lieux à la mode, notamment le café Repetto.
Invité par le docteur Wurtz, il découvre ensuite Taussat, simple village de pêcheurs : « C'est très sauvage, paraît-il... » Il y vient pour « se radouber ». Son voiturier, Génulphe Gauthier vient le chercher à la gare avec sa carriole à cheval et l'emmène à la villa Bagatelle, avant de le conduire boire l'absinthe à l'Hôtel des Voyageurs.
Sur le Bassin, Toulouse-Lautrec mène une vie simple : on le trouve sur son voilier *Le Cocorico* avec Zacharie, un pêcheur de Taussat qui lui sert de matelot. Il pêche au filet ou bien avec un cormoran apprivoisé. Il se baigne, bronze tout nu, dort et dessine.
Au mois d'août 1901, revenu à Taussat, il est victime d'une crise de paralysie et on doit le transporter à Malromé où il s'éteint le 9 septembre.

Juan Sky

Souvenirs d'Arcachon

Arcachon, 5 août 1889

Ma chère Justine,

Aujourd'hui, nous nous trouvons installés, comme toi, en face de la mer immense. Notre villa, qui est celle que ma mère a choisie à son arrivée, a nom Theresa. Elle est très confortablement située

au milieu des pins, tout au haut de la ville d'hiver. De cette position élevée, elle domine le bassin d'Arcachon, qui étend au loin ses eaux bleuâtres [...]

Devant l'habitation est une véranda vitrée, d'où le regard se porte sur le Bassin. Que de fois déjà, assise sous cette galerie, me suis-je prise à observer le va-et-vient de nombreuses barques qui le sillonnent en tous sens ! Au-dessus, un balcon orné de découpures à jour nous permet de venir respirer, le soir, la brise rafraîchissante de la mer, saturée des senteurs salines et des émanations balsamiques des pins.

Sous ce rapport, il faut bien le dire, Arcachon est un séjour privilégié !

Éd. Gounouilhou, Bordeaux et éd. Rouam & Cie, Paris, 1891.

Juan Sky

Romancier (il publie notamment *Une Brésilienne*), il ajoute son récit personnel à la liste de tous les auteurs qui ont écrit des *Souvenirs d'Arcachon* à l'époque de la naissance de la grande station balnéaire.

Gabriele d'Annunzio

La Contemplation de la mort

C'était un de ces matins océaniens où l'air et l'eau, se confondant tour à tour l'un dans l'autre, semblent ne former qu'un seul élément vide. De grandes voiles pâles montaient, s'étiraient, se tissaient de nouveau, tombaient en lambeaux, se raccommodaient, se déchiraient sans fin. La Lande semblait les soulever et les repousser de sa respiration pénible, car elle était travaillée par les douleurs de la fécondité.

De temps en temps soufflait le vent d'est, les contours et les volutes s'engluaient de pollen, se jaunissaient de soufre sylvain.

Parfois un nuage de poudre fertile restait suspendu sur les aiguilles des pins, ondoyait, s'éloignait pour se répandre ailleurs en pluies nuptiales. Aériens tous deux, le pollen et la cendre se mêlaient comme si le vent eût pillé les fleurs et les tombeaux. [...]

C'était un matin de décembre : un ciel candide, une mer quasi de lait. La marée descendait. J'étais assis sous la véranda. En regardant, je remarquai sur le banc de sable... C'était un cadavre déposé par le courant, c'était le noyé de la veille, une pauvre chose nue, plus misérable qu'une épave, plus morne qu'un paquet d'algues… Je descendis sur la plage, je hélai deux rameurs ; et nous allâmes en barque jusqu'à la grève pour ramener l'homme. Il était couché à plat ventre, sa tête pendait dans un creux du sable ; il avait les genoux enfoncés, les talons en l'air, les mains jointes près du nombril. Le sang versé par les oreilles et par la bouche colorait la vase liquide, et le sable glissait lentement dans le creux et se mêlait au sang. Une oreille et les cheveux qui l'entouraient en étaient encroûtés ; le bras était maigre, blanc, débile comme un bras de femme ; les ongles et les phalanges étaient violets comme ceux du teinturier trempés dans le safre ; les jambes étaient pâles sous leurs poils de bête ; les pieds étaient marbrés de bleu. Je le regardais avec l'attention terrible de l'art, comme ne l'aurait pas regardé même sa mère ; je l'imprimais en moi, derrière mes prunelles. Je tenais courbé sur lui mon horreur angoissée. […]

Une guêpe bourdonnait autour de nous avec insistance, et le sable était travaillé comme les ruches. Les rameurs lui prirent les chevilles dans un nœud coulant, et le tirèrent dans l'eau, en attachant le filin à l'arrière. Le sang noir resta dans la vase, et la marée plus tard le lava. Je sentis s'imprimer également et pour toujours, dans mon esprit, l'horrible sillage. Puis les deux hommes, aidés par un troisième, le saisirent au débarcadère. Chacun des deux premiers le tenait sous une aisselle et le troisième par ses pieds bleus. Il pliait à peine, étant déjà rigide ; et la tête pendait comme, là-bas, dans le creux, et le nez était plein de sang coagulé. […] Je voyais son oreille pleine de caillots, sa bouche et son nez tuméfiés, son bras maigre. Et il ne m'était plus possible dedormir du côté de la mer. Puis il fut moins assidu, il se montra à des intervalles

toujours plus longs, il se décolora, il devint une larve transparente, il se perdit. Mais la pensée de la mort resta en moi, aggravée par cette horreur.

Publié en Italie en 1912; La Revue de Paris, *1923.*

Lettre à M. Philippart
Le 9 juin 1919

Je quitte, vous le savez, à grand regret, cette vieille maison paisible où j'ai tant travaillé et médité. [...] Veuillez saluer de ma part les beaux pins blessés et les genêts d'or. Ils embaument toujours dans mon souvenir fidèle. C'est le pur parfum de France que je veux garder.

Cité par Guy de Pierrefeux dans Le Surhomme de la Côte d'Argent — *1924.*

La Léda sans cygne
Récit de la lande

Il pleuvait et ne pleuvait pas sur la Lande ! Un nuage percé inondait en partie la dune, et ses grosses gouttes espacées, presque tièdes, paraissaient tombées d'une écumoire. Mais, au-delà de cette bande arrosée, on entrevoyait le sable sec et, un peu plus loin encore, une autre zone aride ; en sorte que la terre elle-même paraissait malade, à la façon de ces femmes enceintes qui se sentent la peau marbrée de froid et de chaud, tandis que tressaille en elles quelque chose d'informe, à une profondeur indéfinie.

J'étais pour quitter, à la grille d'un jardin, une de ces douces et ennuyeuses créatures qui, à l'encontre de la juvénile vision de Dante, s'obstinent à tenir sans fin, sur les bras, leur défunt amour « enveloppé dans un linceul vermeil, légèrement », et cela, parce qu'elles ne peuvent se résoudre à l'ensevelir, s'efforçant de nous donner en pâture « par ruse » leur cher cœur qui pourtant ne brûle plus ! *Vide cor meum.*

J'entendais le bruit de ces lamentations coutumières, comme ce bourdonnement que laisse la quinine dans l'oreille du fievreux, après l'accès. Et je n'étais ni dedans, ni dehors, car il n'y avait entre nous que la pierre du seuil, saupoudrée de pollen jaune. Et je voyais cette farine sauvage s'attacher à la peinture fraîche de la grille neuve, en boucher les interstices, recouvrir une larme de gomme qui, sur une traverse de ce bois de pin encore un peu vivant, se gonflait, comme l'ampoule se lève dans la paume d'une main avant de se durcir.

Un godet de terre cuite, suspendu à un tronc gemmé, avait, à la première poussée de la sève, reçu d'un coup tant de résine, qu'elle débordait en longs filaments pareils à des sucreries ; si bien que le désir me venait de les donner à mastiquer pour empâter la langue fastidieuse et coller au fond du palais ces paroles importunes. Sous la mollesse d'un nuage laiteux, irrésolu, les oiseaux, çà et là, jetaient des cris discordants, comme les élèves découragés d'une école de chant. [...]

Alors, tout en descendant vers la Ville d'hiver par les sentiers de la forêt, je pensais avec envie à ces rares pasteurs landais, derniers descendants des fantastiques vieillards qui, juchés sur leurs hautes échasses, traversaient les étangs, les marais du désert sablonneux et pouvaient, de leurs grands pas, égaler le galop d'un cheval des Pyrénées.

J'en avais connu un, dans le maquis, quelques jours plus tôt. Ayant réduit la longueur des perches légendaires à celle de deux modestes moignons, mis en bandoulière son parapluie verdâtre et sa besace brune, enfoncé sur les oreilles son béret de laine en forme de champignon, cet homme passait toute la sainte journée, immobile, étayé sur sa canne, tricotant des bas, sans plus penser que son chien, – indifférent à la fuite des heures tout comme doit l'être l'ampoule d'un sablier, – avec sa langue reposée pour des années dans le silence de la salive, telle la sardine conservée dans l'huile de sa boîte. [...]

J'apercevais la ville bariolée de l'Etisie (1), couvée sous une vapeur moite d'étuve aussi répugnante que celle qu'on respire dans certains bains turcs importés en Occident. [...]

Les villas paraissaient élégamment construites en carton pâte et zinc ajouré, par un abominable architecte girondin à barbiche et cravate molle, qui se fut ingénié à concilier, grâce à l'hospitalité de son art et pour leur consolation mutuelle, le goût de la Riviera ligurienne et celui du lac des Quatre-Cantons. Chaque façade portait, inscrit en lettres nouveau style, un nom prétentieux tiré de la mythologie, de la botanique, des fastes civiques ou de la bêtise sentimentale. Chaque intérieur devait avoir son vase de fleurs artificielles sous un globe de cristal, son gros coquillage épineux, sa figurine de Jeanne d'Arc dans une armure de plombagine, son horloge à coucou pour appeler le bonheur ou la mort.

Des monceaux de châles ou de couvertures, soulevés de temps à autre par une quinte de toux, reposaient sur des chaises longues en osier, derrière des vitres nettes, qui, comme celles des aquariums, paraissaient closes sur un monde lointain. Au milieu de la route blanche, une file interminable de chenilles, descendues on ne sait d'où, s'acheminait vers l'éternité par la contraction molle et affreuse de ses myriades d'anneaux. Un de leurs nids duveteux, à l'extrémité d'un rameau, avait l'air d'une main malade enveloppée de charpie. [...]

Un grand souffle de vent passa au-dessus de ma tête, une de ces bouffées soudaines venues, semble-t-il, des confins merveilleux d'une autre vie qu'il nous est confusément donné de connaître parfois, grâce à de certains éclairs du souvenir, à de certaines lueurs de notre anxiété, quand notre esprit peut-être se rappelle, peut-être présage ou se débat en vain pour se soustraire aux habitudes, aux manies, aux mensonges, aux grimaces, aux peurs, aux infections sans nombre dont est composée notre vie.

Le pollen semblait fumer autour des rameaux secoués et dorer un nuage tout lacéré qui soudain me laissa découvrir le plus angélique des visages de l'air, entre deux lambeaux pareils à deux bandelettes de lin poudrées de cet or sylvestre.

Et, avant d'entendre la note maladroite d'un rossignol novice, je sentis que le pin, au passage du souffle, se gonflait de musique, des racines au faîte, tout comme un instrument à vent.

Et il suffit de cette note grêle pour que tout fût changé.

Alors, je me hâtai vers la ville, pensant que peut-être la musique allait m'interpréter l'énigme de toutes ces figures suscitées en moi par je ne sais quel sens cruel adjoint à ma vue normale.

Un jeune joueur de clavecin, sorti de la *Scuola Cantorum*, façonné à la grâce et à la puissance des anciens clavecinistes italiens, m'avait écrit avec une fière gentillesse qu'aujourd'hui, dans son concert, il n'aurait joué que pour moi seul.

Très bonne précaution, du reste, car en entrant dans le Casino, je m'aperçus que la plupart des pourceaux campagnards – *more biblico* – n'avaient pas été attirés par les perles.

Les auditeurs étaient disséminés à travers la vaste salle, peinte avec prodigalité selon certain style ottoman qui a la vertu d'enflammer l'imagination des sous-officiers, dans le parloir des bordels. Il ne manquait que le parfum des fameuses pastilles, dites du Sérail. L'Euterpe du lieu, femme osseuse et brusque, qui avait pour office de guider chacun des rares auditeurs jusqu'à sa chaise, plongeant de temps en temps la main dans la poche de son tablier, faisait espérer qu'elle allait en tirer un petit cône odoriférant et le brûler sur l'écuelle polie des pourboires ; mais chaque fois le geste était suivi d'une désillusion.

On entendit gronder une nouvelle averse sur la verrière du plafond. […]

La Lande était obscure, sous le ciel bas ; mais il faisait doux... J'entendais les cris rauques des oiseaux marins, au-delà des dunes, semblables par instant à un piaulement mélancolique, et le grand désespoir de l'océan, et la note du hibou qui chaque fois me touchait au point le plus douloureux de mon cœur, comme s'il l'eût connu mieux que moi-même.

Une nostalgie soudaine m'accablait, créant dans mes sens de si brusques fantasmes qu'un lambeau de moi-même semblait se lever d'une de ces brandes et puis se rejeter dans une mare, glisser sur la dune, dégringoler un raidillon, brouter sous un chêne-liège. Puis les hallucinations animales s'interrompaient ; et le sentiment poétique de la patrie était comme le murmure des esprits qui rêvent à l'ombre des dieux lointains...

Un grand silence s'était fait dans la Lande, qui n'était autre que le muet accroissement de la nuit patiente.

Comme les oiseaux se précipitent contre les lentilles du phare, comme les insectes voltigent autour de la lampe, toute la vie de la solitude se pressait à la limite de la lueur basse, respirait vers moi, m'épiait sans être vue.

Je prêtai l'oreille à une rumeur singulière, non sans trouble, car elle paraissait tantôt proche, tantôt lointaine, tantôt dans l'air, tantôt sous terre, pareille au choc cadencé de deux baguettes l'une contre l'autre, pareille au cliquetis que, dans un ouvrage tricoté, font les aiguilles en se heurtant. Était-ce le pasteur ?

C'était, à n'en point douter, le pasteur immortel de la Lande, sur ses échasses, là, dans l'ombre, appuyé contre un pin écailleux, avec, à ses pieds, son chien sauvage aux yeux palpitants comme les feux des lucioles. Était-il vêtu de feuilles ? Avait-il pour barbe, un essaim suspendu au menton ? Du travail assidu de ses doigts, sortait-il des grappes de corymbes ?

La forme et les métamorphoses se faisaient tellement vives dans mon imagination que, si j'avais éteint la lanterne, j'aurais certainement cru voir avec les yeux de ma tête, et l'homme et le demi-dieu.

Je traversai la Ville d'hiver, la ville des malades. J'entrevis quelques lampes allumées derrière les vitres. Je crus deviner sur la droite, avant un tournant, la robe argentine du pommier refleuri. La cloche tinta sur la Chapelle. Au bout d'une allée d'arbres, au-delà du crucifix, brillait le Bassin.

Dehors, il ne pleuvait plus. Un vent frais, imprégné de résine, tout comme l'eau de pluie qui remplit les crots (?) suspendus aux pins… L'or solaire et le pollen sylvestre, mêlés, n'étaient plus dans la palpitation du vent qu'une seule et même poussière. Les pins, à la pointe de chaque aiguille, portaient une goutte d'azur.

[…] En un silence égal à la nudité parfaite, gisait la beauté de l'Occident !

(1) Etisie: maladie qui consume le corps. D'Annunzio donne ce nom à la partie « Ville d'Hiver » d'Arcachon où, à cette époque, les malades du poumon venaient se soigner en respirant l'air balsamique des pins.

Revue de France, *15 août 1921.*

Gabriele d'Annunzio

(Pescara, 1863 - Gardone, 1938)

Le poète italien qui vient de s'exiler en France, criblé de dettes et harcelé par ses créanciers, fuyant également sa maîtresse, Nathalie de Goloubeif, s'installe le 6 juillet 1910 à Arcachon, au Moulleau, dans la villa Saint-Dominique louée par sa nouvelle maîtresse, la portraitiste américaine Romaine Brooks. Travaillant dans une quasi-solitude, il y écrira un nombre impressionnant d'ouvrages, pièces de théâtre et romans: *Le Martyre de Saint-Sébastien* (1911), *Contemplation de la Mort* (1912), *La Pisanelle, Le Chèvrefeuille, Parisina, La Léda sans cygne* (1913), entre autres. Il y séjournera jusqu'au 29 avril 1915, date à laquelle il regagnera son pays pour y prononcer son célèbre discours du *Quarto*, appelant l'Italie à se ranger aux cotés de la France dans sa guerre contre l'Allemagne.

Sarah Bernhardt

Souvenirs d'Andernos

Entre les pins tordus et les marais salants,
L'océan comme un lac, s'infiltre languissant...
Il réfléchit un ciel fait d'argent et de bleu,
Ou flambe et resplendit sous un soleil de feu
Qui brûle l'horizon en prodiguant son or;
Puis recule à pas lents, et changeant le décor,
Fait d'un désert de flamme un désert de limon.
Dans les sveltes roseaux qui frangent ses contours,
Des troupeaux de bœufs roux enfouis jusqu'au fanon
Avancent pesamment tandis qu'à leur parcours,
Un grand vol de courlis, effaré, tournoyant,
Jette dans le silence un long cri larmoyant.
Ces pins, ce ciel pareil à celui de Lemnos
Et tout ce sable d'or, c'est la baie d'Andernos.

Ces vers de mon fils, inspirés par les sites adorables du paysage, sont tout à fait évocateurs quand on connaît Andernos et ses ravissantes promenades.

Et cependant, quand il y a vingt ou vingt-cinq ans, je fis en voiture la Côte d'Argent, Andernos ne m'avait pas frappée; ou, pour mieux dire, ce nom se dressait dans ma pensée comme un très gentil paysage spolié par l'incurie de ses habitants.

Je revoyais sa plage couverte d'écailles d'huîtres et de détritus déplaisants. Je me souvenais aussi de Lanton, de Taussat, d'Arès qui était alors le principal village de la région.

Étant à Arcachon en villégiature, j'avais eu le loisir de visiter toutes ces petites stations balnéaires piquées tout autour du bassin d'Arcachon.

Je me rappelais surtout le cap Ferret qui m'avait frappée par son exposition sauvage et solitaire.

Quand éclata l'horrible guerre qui décima la jeunesse de l'Orient et de l'Occident, j'étais dans ma propriété de Belle-Ile-en-Mer. Quoique souffrante, je me fis transporter à Paris pour prendre ma part dans le grand mouvement humanitaire; mais le mal dont je souffrais empirant, je dus renoncer à fonder mon ambulance. Le chagrin que j'en eus fut si grand que je devins tout à fait malade. Force me fut de quitter Paris; mais il ne fallait pas songer à Belle-Ile, mes souffrances ne me permettaient plus un voyage aussi accidenté.

La Faculté voulut m'envoyer à Arcachon. Mais, désirant m'enfermer pour pleurer mon impuissance, Arcachon me semblait un centre trop vivant et trop élégant. C'est alors que je me souvins de la Côte d'Argent. Mais quel pays choisir?

Tous les noms des petits pays entourant le Bassin furent écrits sur des carrés de carton: le tout fut secoué dans une petite corbeille tressée devant moi en mon honneur par les enfants de Tucson, petits indiens de l'Arizona, et je déclarai que je prendrais pour résidence le nom inscrit sur le troisième carton que je tirerais.

Il amena Andernos.

Je fis la grimace, mais je tins parole. Et combien je m'en félicite!

Mes deux limousines ayant été réquisitionnées, je dus prendre le train jusqu'à Bordeaux, où je trouvai une auto confortable qui consentit à me conduire à Andernos.

Je ne reconnus pas le pays traversé vingt ans auparavant: les routes me semblaient tout autres que jadis quand le chauffeur me dit : « Nous voici à Andernos. À quel hôtel Madame veut-elle descendre ? », je restai bouche bée. Quoi ? Cette grande belle route (nous avions stoppé boulevard de la République) appartient à Andernos ? Et ces jolies villas, et ce grand ciel qu'on voit de partout, c'est le ciel d'Andernos !

Je voulus envoyer une dépêche à mon fils qui, étant engagé volontaire, n'avait pu m'accompagner. Je me fis donc conduire à la petite poste.

Voici mon télégramme : « ARRIVÉE À ANDERNOS. DES FLEURS, DES ARBRES MAGNIFIQUES, DES VILLAS BASSES ET FLEURIES. DE PARTOUT ON VOIT LE CIEL. JE T'ENVERRAI ADRESSE DEMAIN. »

Puis, m'adressant à la directrice, je demandais quelques renseignements, et cette jeune femme me répondit avec une bonne grâce parfaite. J'étais stupéfaite : une directrice des postes aimable et gracieuse, c'est si rare ! Comme j'allais sur ses indications me rendre à l'hôtel, une voix amie me fit tourner la tête : Julia Cain ! la délicieuse chanteuse Guiraudon, femme du célèbre Henri Cain, était devant moi. Elle habitait Andernos. Je fus ravie de la rencontre. Et, quelques heures après, grâce à son obligeance, je prenais possession d'une modeste villa entourée d'un jardin.

Pendant que mon personnel installait la maisonnette, je voulus de suite refaire la même route que j'avais suivie vingt ans passés, mais je ne reconnus rien, rien.

Les chemins étaient devenus de grandes routes, dans lesquelles passaient de superbes limousines ; les petits sentiers étaient de larges chemins bordés de villas charmantes, abritées par des arbres magnifiques ou couvertes de milliers de roses, car Andernos est le pays des roses. Et jamais je ne me suis sentie plus émue par la vue de ces fleurs qui s'étalent aussi royalement sur la plus humble masure que sur les plus fastueux palais. À Andernos, je vis ce jour-là un pauvre berger endormi sous un dôme de roses thé ; elles montaient le long de bâtons noueux qui soutenaient d'autres bâtons posés en travers sur des fils de fer.

Cette treille avait été improvisée par le berger. Elle tenait à l'unique chambre qui formait sa demeure. Il était étendu endormi.

Sous sa tête, sa cotte roulée ; à ses côtés, ses deux lourdes échasses. L'auréolant, des roses jaunes qui s'effeuillaient ça et là sur cette misère. Tout autour, l'air était embaumé. Sur les lèvres pâles du vieil homme, un imperceptible sourire. Cet homme semblait si heureux, si calme sous son dôme merveilleux !...

Je remerciai les roses, je remerciai le ciel.

Je m'en fus, heureuse, continuer ma promenade. Je voulais aller au bord de la mer, mais je fis arrêter l'auto devant un petit mail délicieux. Descendant de l'auto, je restai clouée sur le marchepied par la vue de l'église.

Ah ! la drôle d'église ! Son clocher est par terre et l'entrée est derrière.

Je ne comprenais pas et m'en étonnai assez haut pour qu'un monsieur poli, en pantalon rouge (rien du militaire) me tirât d'embarras ; voici ce qu'il me dit : « Oui, Madame, vous avez raison, c'est un malheur. Ce petit clocher en éteignoir est une horreur, et nous, les intellectuels d'Andernos, nous en souffrons. Mais nous savons

que cela changera si nous avons le bonheur de conserver notre maire. Ah ! Madame, si vous aviez vu Andernos il y a vingt ans ! »

Je souris sans répondre.

« Voyez-vous, Madame, à cet endroit où nous sommes, et dont la grâce ne vous a pas échappé, il y avait un cimetière élevé sur une dune de sable.

La petite église était enfoncée dans cette dune et cachée aux regards des fidèles par des ronces et des broussailles. Tout autour, un terrain vague. L'église cependant était moins ridicule qu'en ce moment. C'est un prédécesseur de notre maire qui eut l'idée de faire ce clocher, qui fut édifié en 1893. M. Louis David, notre maire actuel, fit en 1901 procéder au déclassement du cimetière ».

Nous marchions lentement. J'écoutais mon aimable pantalon rouge. Tout à coup, j'exclamai : « Ah ! qu'est-ce que ces ruines ? »

Mon interlocuteur sourit finement : « C'est grâce au déblaiement du cimetière, qui amena la démolition du mur d'enceinte, que ces ruines furent découvertes. M. David fit immédiatement faire des fouilles importantes. Le comte de Sarrau, un archéologue connu, continue à étudier, paraît-il, les poteries et les médailles trouvées dans les fouilles. La mairie d'Andernos attend depuis plusieurs années ces intéressantes trouvailles, dont elle compte faire un petit musée. Ces ruines que vous voyez, Madame, sont à n'en pas douter des murs gallo-romains. Lors de l'occupation des Gaules, il y a eu ici une ville romaine dont le temple était consacré à Hercule. Une très belle statue de ce dieu fut découverte alors qu'on édifiait, en 1888, la mairie. Cette statue est au Musée d'Arcachon, mais elle reviendra dans le Musée d'Andernos. Le monument était immense et s'étendait jusqu'à la mer. La ville romaine, la centralisation des pouvoirs religieux et militaires de l'époque, fut détruite par le christianisme. La nouvelle religion éleva une basilique immense et les souvenirs du passé furent dispersés. Plusieurs colonnes brisées et plaques de sculpture ont été cependant retrouvées dans les fondations. La basilique chrétienne fut à son tour brûlée, à l'époque des invasions, et c'est avec ses débris que fut construite cette petite église, qui était alors charmante sans cet horrible clocher. »

Nous étions devant les ruines. Mon « pantalon rouge » m'expliqua chaque petite pierre. Je l'écoutai avec plaisir, car il était aimable et bien élevé.

Je m'étais assise sur un des bancs de la petite place de l'Église. Et le charme répandu autour de nous me faisait évoquer le talent d'Anatole France.

Je dis à mon nouvel ami mon étonnement de ces grandes routes, de ces jolies villas. Je lui avouai être venue vingt ans passés.

« Ah ! me dit-il, la commune était pauvre alors ; elle ne vivait que par l'expédition et la culture de l'huître, mais grâce à notre maire, la commune réalise depuis quinze ans des bénéfices énormes avec la résine de notre forêt, qui est de 600 hectares. Voyez-vous, Madame, ici le contribuable a la bonne fortune d'ignorer le centime additionnel, et de bénéficier d'un bien-être auquel il ne contribue pas. C'est pourquoi vous ne trouvez ici que des gens gais et aimables ».

Je m'installai dans ma nouvelle demeure, modeste chalet répondant aux exigences de la guerre.

C'est dans cet adorable pays que j'ai recouvré la santé après une cruelle opération.

Quelque promenade qu'on fasse, on est entouré de beauté : la forêt avec ses sous-bois de pins vivifiants et ses clairières de genêts en fleurs ; de grandes encoches, cachées par les hauts ajoncs fleuris, laissant voir subitement la mer irisée par des fonds de sable d'or ou d'herbes drues et brunes. Par moments, une jolie dune s'élève, parsemée de sombres pins. Elle est toute seule comme un îlot ; des petites fleurs percent la couche d'aiguilles de pins. On se croirait en Grèce. On cherche les longues figures de Puvis de Chavannes ; et si le charme vous retient passé six heures, vous assistez au plus beau coucher de soleil que vous puissiez rêver. Dans ce ravissant Andernos, pas de maisons hautes ; toutes les villas sont dominées par les arbres ; et partout, le ciel reste maître de la vue. Et ceci m'est une joie immense, car j'ai la folie des horizons.

Même les arts ont leur place dans ce petit pays ; oui, on aime la peinture, on aime la musique, on aime le théâtre. Oh ! Il n'y a pas de théâtre à Andernos ; mais une compagnie de charmants artistes donne chaque dimanche une représentation sous une large tente éclairée par la lumière électrique. Les artistes sortent de leurs roulottes, qui leur servent de coulisses. Ils font eux-mêmes leurs costumes, leurs chaussures, leurs perruques ; ils charpentent leurs décors, brossent leurs toiles et équipent eux-mêmes les salons, les forêts et les plaines.

J'ai vu jouer, et parfois très bien, plus de trente opérettes et quinze pièces : *La Mascotte, Mam'zelle Nitouche, Les surprises du divorce, L'Arlésienne, Les cloches de Corneville, Durand et Durand, Le petit Duc, La fille du tambour-major, La fille de Madame Angot, La petite mariée, Le jour et la nuit,* etc.

Et, dans toutes les représentations, l'étoile de la troupe, Mme Bonnafont, était une délicieuse chanteuse d'opérette, qui se ferait une place à Paris. Comme comédienne, elle est charmante et distinguée. Son mari, adroit musicien, chante avec goût. Caubet, le grand premier rôle, est très curieux ; il joue Cyrano avec l'accent voulu et beaucoup d'ardeur. C'est en plus un chauffeur remarquable et un mécanicien extraordinaire ; il est le type parfait du joyeux vivant, débrouillard, plein d'expédients (toujours honnêtes), serviable et généreux, mais très malin. Caubet fera fortune. Sa fille, jolie enfant de seize ans, est très bonne musicienne et gentille comédienne. Il ne faut pas oublier la famille de Tauziat, fondatrice de cette intéressante et vibrante colonie.

Andernos est le pays béni pour les esprits rêveurs, pour les corps endoloris. Les indigènes sont bons, aimables et gais ; les fournisseurs, obligeants et confiants ; les enfants, beaux et très bien élevés.

Andernos est le pays des roses, des rossignols, des chiens et des doux crapauds dont la chantante plainte donne la réplique au triomphant rossignol.

La mode à Andernos, c'est de porter le rouge en pantalons, en jupes, en casaques et en bérets.

Les parqueuses d'huîtres portent la culotte et les bottes avec la grande capeline noire. Il y en a de jolies, il y en a de comiques.

Je dois à ce doux pays ma rapide convalescence. Je lui dois aussi une pleine reconnaissance pour les minutes où son ciel lumineux et son calme splendide me faisaient oublier les heures sanglantes que nous traversions.

Alors, mon âme apaisée par la beauté qui m'entourait remerciait Dieu de m'avoir créée Française.

La Petite Gironde, *25 juillet 1915.*

Sarah Bernhardt (Paris, 1844 - *id.* 1923)
La tragédienne française vient s'installer sur les bords du Bassin en 1914, après un grave accident survenu sur scène pendant une représentation de *L'Aiglon*. Les médecins lui ont conseillé d'aller se reposer sur le Bassin et elle a tiré au sort le lieu de son séjour, pour se retrouver à Andernos, villa Eurêka. Ses ennuis de santé persistant, c'est pendant un séjour à Andernos qu'elle doit se faire amputer de la jambe dans un hôpital de Bordeaux.

Jean Cocteau

Lettres de Piquey

[À sa mère]
le 17 août

Ma chérie. [...]

L'hôtel Brice a sept chambres, quatre derrière sur les pins, trois devant dont la mienne avec sa galerie sur les mimosas et qui abrite toute une famille d'hirondelles. Chambre en planches, cabine de frégate. Il n'y a pas une maison – six cahutes de pêcheurs. Les Lhote en habitent une toute petite et qui ressemble aux cabanes de tennis, mais recouverte de vigne vierge et au centre d'un hérissement de cactus, de touffes d'une espèce de tabac aux grosses fleurs blanches.

On rame, on dort, on se roule dans le sable, on se promène tout nu dans des paysages du Texas.

Je ne savais pas qu'il existait une si étrange, si belle contrée dont on peut jouir, chez soi, sans le malaise des navigateurs. Comme on ne reçoit pas les journaux et que pour acheter une plume il faut faire une heure de bateau à vapeur, tu seras gentille de me dire les choses importantes que j'ignorerais comme un nègre. [...]

[À sa mère]
le 18 août

[...] Déjà tout un jour dans ce paysage nègre, superbe où on respire un air riche et salé. Les pantalons rouges des pêcheurs, les « pirogues », les cases, mon hôtel sous les feuilles, les plantes grasses, la brousse, la dune, sont le décor de mes chers petits livres à deux sous.

Solitude complète. Quatre cases. [...] Une heure d'Arcachon en canot automobile. Je rame déjà en costume Lecaille, et les pieds nus. [...] Écris hôtel Brice, Le Piquey par Arès, Gironde (ne mets pas bassin d'Arcachon).

[À sa mère]

le 20 août

[...] Ma barbe pousse, j'ai mille coups de soleil, je rame, je vais avoir une carabine, je m'habitue à marcher pieds nus sur les ronces et j'aime beaucoup ma chambre en planches. Sauf les Lhote et la mère de madame Lhote, je ne parle à personne. Deux familles bordelaises d'une vulgarité atroce et une solitaire Ophélie oxygénée composent toute la population de cette rive déserte.

J'ai composé un chandelier avec une épave de liège (l'absence totale de confort oblige au pittoresque) et l'océan dégorge un grand nombre d'épaves. On voit revenir Lhote portant sur l'épaule un reste de gouvernail Louis-Philippe. Lui et sa femme très Paul et Virginie d'estampe – la case, l'aloès, les pamplemousses – moi plutôt Sioux à cause de mes livres à dix centimes. [...] Je me félicite de ne pas avoir écouté le conseil de ceux qui s'imaginent que j'ai besoin de luxe et de monde, ignorant que j'adopte tout : luxe, monde, pauvreté, solitude, avec la même indifférence passionnée...

À Apollinaire
août

Mon cher Guillaume Apollinaire, je vous embrasse avec un visage nègre pour collection. [...] Pense à vous, couché sur le sable. Vais un peu mieux à cause du soleil...

[À sa mère]
le 24 août

[...] Ici aucun « journal ». Rien. Le flux, le reflux, du soleil, moins de soleil, resoleil, etc., etc. ce qui donne à l'œil un vague étrange et à la peau une couleur étrusque. [...] Je t'écris sur mon balcon au soleil. Entre le plumage des mimosas le Bassin pétille de lumière, les barques pêchent. Mes voisins chantent « Manon ma jolie » ! et autres belles musiques avec des assents atroces. [...]

Je suis aimé de Mlle Brice, fille de la propriétaire. Elle a douze ans et elle est très laide, hélas ! Elle dit « il » en parlant de moi devant moi et « le povre » quand elle parle de moi aux autres. Je l'entendais crier à la cuisine : « Le poète est à table et veut qu'on le serve ! » Je me suis rasé pour lui plaire, ce qui m'enlève un charme sauvage. [...] Quand plairai-je à Vénus ???

[À sa mère]
le 3 septembre

À minuit quand tout le monde dort, je pars avec les pêcheurs sur le Bassin. Je rame et on pêche des soles, des rougets qui tambourinent au fond de la pinasse et meurent roulés dans le phosphore.

Promenades incomparables, bibliques, et l'après-midi après on se repose tout nu au soleil qui vous fait sentir le petit pain.

C'est la vie que j'aime, hélas inféconde !

[À sa mère]
le 10 septembre

Je me porte mieux. [...] Si je m'attarde ici c'est que je sens la santé qui arrive mais peu solide. Je voudrais faire ma provision de charbon pour l'hiver...

[À sa mère]
le 12 septembre

[...] Trois jours de soleil radieux avec cure et ventre de bronze. [...] On se gave de poisson qu'on pêche comme les apôtres debout dans les barques la nuit avec filets phosphorescents, très miracle...

[À sa mère]
le 18 septembre

[...] J'ai un bocal rempli d'hippocampes qui ressemblent à la voisine...

[À sa mère]
le 1er octobre

[...] Nous vivons au Paradis terrestre avec des soleils et des lunes de carte postale en couleurs... Quelquefois la nuit on traverse la forêt de pins au clair de lune et des paysages d'Emilie Brontë, on arrive à l'océan qui tonne, on pêche dans des tourbillons de phosphore et on se sèche autour d'un énorme feu d'épaves. Je me demande comment je vais vivre en ville...

[À Romaine Brooks]

le 2 octobre

Ma chère Romaine, je pense à vous d'abord parce que je vis seul sur un rivage nègre et que vous aimez la solitude. Ensuite parce que je suis devenu noir, enfin parce que Georges, le marin de D'Annunzio, vous vénère et qu'il me parle de vous au milieu des vagues. Il imite encore votre coup de poing sur la table du « Terminus » et déteste la cuisinière qui vous empêchait de dormir tranquille. Saint-Dominique est triste et conserve l'empreinte de D'Annunzio, comme un de ces moulages qu'il aime. Les chiens gémissent, l'écume saute et je préfère mon Sud où j'essaie d'aller moins mal. Piquey est une sorte d'Asnières du Texas. On ne rencontre personne, sauf un ou deux pêcheurs, et le soleil chauffe la belle dune. Peignez, vivez, je voudrais vous revoir. Votre fidèle, Jean Cocteau.

D'Annunzio sait-il que Saint-Dominique est à vendre et qu'il devrait au moins retirer les manuscrits et objets de valeur ? (1)

[À sa mère]

le 4 octobre

[...] Pour mon travail, je trouve à l'ignoble Arcachon des cahiers de classe qui me suffisent. Je vivrais ici de rien, dans une cabane, si heureux et si riche. A Piquey tout ce qui s'offre est bon, à Paris tout ce qui s'offre est néfaste.

[...] Aujourd'hui j'ai passé la journée seul à « noircir » et à lire Goethe assis par terre sur le seuil de la case Tom, entre un cactus et une grosse cage en bois pleine de palombes sauvages. À cinq heures, je monte dans le figuier et je mange, ou bien je trouve le bassin à trois minutes, je me trempe et marche jusqu'à la forêt de pins pour me sécher.

[À sa mère]
le 4 octobre

Nous rentrons de la pêche à voile et je reste coucher à Moulleau… Ici c'est un peu Seine-et-Oise, colonial Asnières. Tunisien. J'arrive de la villa Saint-Dominique laissée intacte par D'Annunzio, pleine de livres, de moulages du Louvre, de devises en or – capharnaüm confortable et « genre sublime » dont il a l'habitude. N'importe, D'Annunzio c'est une figure. J'ai passé de bons moments avec lui, et j'étais triste dans ces chambres vides qui conservent le parfum du travail et des drames Brooks Goloubeff. […]

Je vivrais ici de rien, dans une cabane si heureux et si riche. A Piquey tout ce qui s'offre est bon, à Paris tout ce qui s'offre est néfaste. Donc une nature comme la mienne, peu économe, s'arrange mal des villes et bien de la campagne. […]

Aujourd'hui j'ai passé la journée seul « à noircir » et à lire Goethe assis par terre sur le seuil de la case Tom, entre un cactus et une grosse cage en bois pleine de palombes sauvages. À cinq heures, je monte dans le figuier et je mange, ou bien je trouve le Bassin à trois minutes et je me trempe et marche jusqu'à la forêt de pins pour me sécher…

[À sa mère]
le 5 octobre

[…] Je suis triste de quitter cette solitude un peu farouche que j'aime et qui retrouve en moi je ne sais quels atavismes. Ma chère cabane qui craque sous la tempête est pleine des passions d'une famille repliée sur elle-même. Les Lhote sont de précieux cœurs, mais je goûte plus le coin seul avec les nègres qui ne me méprisent pas parce que je suis devenu plus nègre, plus cramé que le vieux pêcheur de L'Herbe qui rase en plein vent avec une coquille d'huître...

[À sa mère]

le 9 octobre

[...] Pour te revoir je ne regrette rien, pour les microbes attractifs, je m'arrache de cette nature si riche et si simple où le moindre pêcheur parle juste. Je commence à perdre ma couleur aiguille de pin. J'aurai la couleur muraille d'immeuble – zut – mais je t'aime, t'embrasse et me félicite de revenir.

[À Apollinaire]

le 13 octobre

[...] Je rentre. Il y a des grandes tempêtes et j'ai perdu en deux jours la couleur nègre que j'avais passé deux mois à obtenir (2)...

[À sa mère]

1918

le 21 août

Comme j'aurais voulu t'avoir toute la journée près de moi sur la plage où on est seul avec le soleil et les cigales. Je passe ma vie sur un espèce de ponton avec un chapeau qui me fait penser à ce poème de *La lyrique japonaise* :

Il pleut doucement sur le chapeau
que j'ai volé à l'épouvantail...

[À sa mère]

le 30 août

Aujourd'hui les forêts prennent feu autour du Bassin, le vent entraîne la fumée qui couvre le soleil et me prive de cure. Je me promène avec le fusil sur l'épaule et deux bons chiens qui me sautent tout autour. Ce simulacre satisfait des atavismes de chasse, car si je tire, je tire mal. Les bêtes le savent et les petits oiseaux se posent sur mon arme *(sic)*. J'aime beaucoup cette chasse étrange qui me mène au diable dans des forêts de pins, je marche comme le prince dans *L'oiseau de feu* et il m'arrive d'abattre une pigne pour sentir l'odeur du feu d'artifice de Sartrouville...

[À sa mère]
le 2 septembre

Ce matin, été de bonne heure à l'océan me baigner. On est si seul que je marche tout nu au soleil avec ma canne et les deux chiens de chasse du garde qui me suivent toujours partout. Sur la dune de l'océan rien ne donne l'époque – on se croirait aux premiers âges du monde. Je cours, affronte les grosses vagues vertes, me roule, me sèche dans le sable et ramasse des coquilles pour ma collection. Au retour les chiens aboyaient et pleuraient

tellement autour d'une touffe que je suis allé me rendre compte. Il y avait un serpent gros comme mon bras et long comme ma canne, tu connais mon dégoût des reptiles. Je me suis sauvé à toutes jambes suivi de ma meute en larmes. Dix minutes après la chienne tremblait encore. Personne ne peut m'expliquer la présence de ce petit boa – sans doute une énorme couleuvre – mais j'ignorais qu'il put y en avoir de pareilles.

[À sa mère]
le 5 septembre

Le soir... théâtre ! Au Petit Piquey, dans la salle de danse de M. Dumur, l'épicier. Imagine le vrai décor de Picasso : papier à fleurs, étagères, portraits de Carnot et de Joffre. Photos de marins à moustaches en accroche-coeur, pipes, réclames, *les Saisons* chromos d'un Renoir du peuple, paquets de tabac, casquettes, etc. La pièce était jouée par une troupe dont les acteurs sont marchands ambulants toute la semaine... C'est confondant. Les rôles de jeunes femmes étaient tenus par des vieilles tout comme à Paris, et le baron de Rothberg était joué par une jeune garce en perruque blanche.

Rien ne peut dépeindre la salle, les cuirs, les costumes, le décor, les couplets surgissant à l'endroit le plus quelconque du dialogue. [...]

Pendant les entractes, le piano mécanique orchestre *Sur la Riviera*, la baronne fait la quête et les couples dansent. Il y a des gamins et des gamines qui dansent très bien, avec le sens du rythme et la grâce de Bubu (3).

[À sa mère]
le 6 septembre

[...] Mauvaise nuit de rêves, de réveils, d'orage et d'araignées. Il y a sur notre Bassin d'énormes orages qui n'accouchent pas, qui grondent et qui fleurissent les vitres d'un liseron électrique...

[À sa mère]
le 7 septembre

[…] Le soleil se cache. Hier pluie, froid, très dimanche. Avons tout de même ramé, dansé sur les vagues comme des naufragés de Stevenson… La brume couvre le Bassin et rend tristes les sauvages comme moi qui adorent le soleil à quatre pattes. Je siffle mes chiens maigres, ronchonne et travaille en fumant et marchant dans la forêt.

[À sa mère]
le 10 septembre

[…] Gros nuages et simoun empêchent bain de soleil. Je n'arrive pas à noircir comme l'autre année. Je me trouve chinois – c'est triste pour une âme de nègre. Enfin je me résigne et regarde avec envie les Américains, colosses de bronze en costume de pâtissier, qui bondissent sur l'eau dans des tanks ripolinés, astiqués, armés de mitrailleuses et d'hélices aériennes. Qui n'a pas vu leur camp d'avions n'a pas vu la chose…

[À sa mère]
le 14 septembre

[…] Je suis maintenant seul à l'hôtel. Je déjeune au milieu des filles, nièces, servantes qui cousent, braillent et jacassent. On garde le vin blanc en tonne et on le mettra en bouteille un jour de mer calme. « Il est si bête » dit madame Brice. On ne m'interroge plus quand je rentre avec les chiens et le fusil étant donné que je ne rapporte jamais rien ; les lapins me surprennent, les oiseaux se posent sur mon arme et les écureuils m'attendrissent. Il faudrait que je rencontre les tigres dont parle Harpet ou du moins les sangliers dont je vois souvent les traces...

[À sa mère]
le 20 septembre

[...] Je rentre saucé du Cap-Ferret où j'ai couché hier chez Lise de Brunoff. La porte-fenêtre ouverte sur les pins et le phare de mille couleurs.

On y danse du matin au soir. Gramophone, piano, matelots, officiers, jeu d'échecs. Un matelot aux manches trop courtes s'accompagne et chante du nez. Là-dessus tout le monde tourne et saute. J'ai invité danseurs et danseuses dans la salle de M. Dumur, dimanche, pour danser sur l'orgue mécanique. Une fois, cet entracte dans ma vie sauvage est une bonne chose, très pittoresque et amusante. Après, on goûte mieux la solitude, le silence, les moteurs des pinasses qui battent comme les pulsations du Bassin. Le ciel s'arrange. Espoir.

[À Darius Milhaud]
1921
le 18 août

[...] J'en avais assez de l'Auvergne, pays bossu. Ici, à Piquey, je supporte la pluie de meilleure humeur. Si le soleil se montre, j'y cours, et tu sais le reste pour l'avoir mis en musique. [4]

(1) Romaine Brooks, artiste américaine, qui avait loué la villa Saint-Dominique pour y retrouver son amant, D'Annunzio et fuir Nathalie de Goloubeff, épouse d'un musicien russe et autre maîtresse que D'Annunzio venait de quitter. C'est Romaine Brooks qui s'occupera du déménagement de la villa : plusieurs wagons, destination l'Italie.
(2) Jean Cocteau est revenu à Piquey l'été suivant...
(3) Héros de Carco : « Bubu de Montparnasse ».
(4) Allusion à *l'Hymne au Soleil.*

Éd. Gallimard, 1989.
Lettre à Romaine Brooks *citée dans un catalogue d'exposition réalisée à Poitiers (1987) consacrée à l'artiste américaine.*
Réf. Bulletin Sté Historique et Archéologique d'Arcachon, n° 55.
Correspondance Guillaume Apollinaire – Jean Cocteau, *éd. Jean Michel Place, 1991.*
Correspondance Jean Cocteau-Darius Milhaud, *éd. Novetlé / Massalia, 1999.*

Jean Cocteau (Maisons-Laffitte, 1889 – Milly-la-Forêt, 1963).
Jean Cocteau a fait de nombreux séjours sur le bassin d'Arcachon (à Piquey), à partir de 1917. Il en donne des témoignages dans sa correspondance *Lettres à sa mère*. Il y retrouve le peintre André Lhote, qui a une maison à Andernos. En 1922, il y séjourne avec Radiguet, qui commence à écrire là *Le Diable au corps*. On y retrouve également, en 1923, le compositeur Georges Auric. Des photographies de l'époque les montrent se baignant, nus, dans le bassin. En 1937, Cocteau emmène avec lui Jean Marais, en convalescence après une otite. Son lieu de villégiature préféré est alors le petit hôtel Chantecler, aujourd'hui disparu.

Jean Hugo

Avant d'oublier

Cocteau nous attendait au Piquey et nous quittâmes la Touraine pour le rejoindre dans un paysage bien différent. Aucun lieu de France ne ressemble à ce qu'était alors la rive occidentale du bassin d'Arcachon : un pays sans terre, sans pierres, sans chemins ; rien que du sable, une eau transparente, des forêts de pins, des huttes de planches. Au milieu du Bassin, l'île-aux-Oiseaux, les parcs à huîtres, semblables, à marée basse, à des villes lacustres en miniature ; à marée haute, indiqués seulement par une ligne de points ; au loin, montagne de neige, Fujiyama de ce paysage japonais, la grande dune du Pyla. À la fin du jour, le ciel, l'eau et le sable étaient du même rose : on se croyait à l'intérieur d'une perle.

Les villages des environs, Arès, Andernos, Mios, Biganos,

Balanos, Mestras, avaient des noms grecs qui enchantaient le classique Radiguet.

Du Piquey on ne pouvait atteindre Arcachon qu'en pinasse – c'est ainsi qu'on nomme les gondoles du Bassin. Mais on allait par la plage aux hameaux qui s'échelonnent le long du rivage, à Piraillan, au Canon, à L'Herbe. Ainsi faisait le boulanger dans son cabriolet attelé en flèche de deux chevaux noirs, qui galopaient dans l'eau, car le sable est plus dur là où les vagues déferlent ; debout, barbu, soufflant dans son cor et brandissant son fouet, c'était Neptune sur son char.

Le village avait un grand vivier, endigué par des rondins ; on laissait le poisson y entrer avec le flot et l'on fermait ensuite la vanne. Au bord du vivier dans une cabane de planches grises, entourée de yuccas, habitait une vieille femme vêtue d'une robe noire et d'un tablier de toile à sac. Le poète lui attribuait je ne sais quel pouvoir magique. On le voyait souvent, vers le soir, drapé dans son peignoir blanc, pieds nus, son bâton à la main et coiffé d'un grand chapeau de paille, se diriger à pas lents vers la pauvre cabane.

– Je vais chez la Fée, disait-il.

Il nous mena au Canon, où de grands filets bleus et noirs étaient tendus à travers les rues entre les maisons de planches grises, parfois badigeonnées en bleu. Des poules noires picoraient dans le sable entre les yuccas.

Il nous fit faire dans une barque le tour de l'île-aux-Oiseaux. Le ciel et l'eau étaient de nacre. Les dauphins jouaient autour de nous. L'un d'eux, gros comme un taureau d'un an, sauta par-dessus nos têtes.

L'hôtel Dourthe était une maison de planches comme toutes celles du pays, prise entre la plage et la forêt. Nous étions sept, Cocteau, Auric, Radiguet, François de Gouy, Greeley, Bolette Natanson, Valentine et moi : nous occupions toutes les chambres de l'hôtel. [...]

Une grande salle vitrée occupait le rez-de-chaussée de l'hôtel dans toute sa longueur, du côté du Bassin. Auric y avait son piano, qui arriva d'Arcachon sur une pinasse ; nous avions tous aidé le gros marinier en pantalon rouge à le porter à travers la plage jusqu'à l'hôtel. Une longue table remplissait la moitié de la salle. On nous y servait nos repas, qui se composaient, selon le vent, tantôt de soles, tantôt de royans. Si le vent ne tournait pas, notre menu ne changeait pas. À cette même table, nous lisions, nous écrivions, nous dessinions, nous jouions aux dominos, François de Gouy monologuait, le verre à la main; Radiguet l'écoutait et lui posait parfois une question. Près de nous, dans un grand bocal, des hippocampes dormaient, leurs queues entrelacées.

À l'unique étage de la maison, sur un balcon de bois où s'ouvraient les portes des chambres, Radiguet, pendant plusieurs heures chaque jour, dictait *le Bal* à Auric, qui tapait le texte à la machine à écrire. Cocteau rédigeait sa brochure sur Picasso, qu'il nous lut, un soir, dans sa chambre. [...]

Pieds nus, nous marchions dans le sable, à travers les dunes jusqu'à l'océan. Il n'y avait même pas de piste. Des buttes appelées *truc* nous servaient de points de repère. Dans la forêt de pins, par-ci par-là, un chêne-liège blanchâtre semblait un lichen géant. Un résinier, au loin, allait d'un pas rapide d'un pin à l'autre, enfonçant sa longue lance dans la plaie toujours vive du tronc ; la blessure saignait dans le godet fixé à sa base. Le bruit de l'océan se rapprochait, comme le bruit des canons d'une bataille. Du haut de la deuxième dune, au Truc Vert, on découvrait enfin la plage qui se prolongeait en ligne droite à l'infini. Des morceaux d'épaves, des troncs d'arbres venus d'on ne sait quelle forêt lointaine, polis par le flot et blanchis par le soleil, étaient échoués sur le sable. On pouvait se croire au commencement des âges. Nous nous jetions dans les vagues tonnantes dont l'écume nous grisait.

Non loin de l'hôtel Dourthe, habitait une famille bordelaise en vacances. [...] Le dimanche, Mme C. emmenait ses fils à la messe, à l'église de la Villa Algérienne, qui, toute blanche parmi les yuccas et les palmiers, ressemblait à une chapelle de mission. Radiguet me disait :

– Nous devrions aller à la messe.

Mais la pinasse était pleine, ou bien nous manquions l'heure du départ. Et les dimanches passèrent.

M. C. n'allait pas à la messe. Il restait près de son bateau, à jouer avec ses lignes et ses hameçons. Un jour, il s'enfonça un hameçon dans la main. On alla chercher le médecin qui arriva en trottant le long du rivage, comme le boulanger. Selon une étrange coutume que le bassin d'Arcachon partage, comme ses couleurs, avec la Chine, les riverains versent toute leur vie une rente au médecin qui les soigne, sans leur demander d'honoraires, quand ils sont malades. Or, en voyant l'hameçon dans la chair du Bordelais, le médecin s'évanouit. M. C. prit alors son couteau, s'ouvrit lui-même la main et en retira l'hameçon. Après quoi il aida à ranimer le médecin avec un verre d'eau-de-vie.

Au milieu de septembre, je partis pour Fourques avec Valentine. Cocteau et Radiguet nous accompagnèrent jusqu'à Bordeaux. À la gare, nous prîmes un fiacre découvert pour visiter la ville. Le poète, après deux mois passés dans le sable et les bois de pins, s'émerveillait de tout, des affiches, des tramways, des devantures des boutiques, des morutiers mouillés au milieu du fleuve. Le ciel était lourd et gris ; une tristesse flottait dans les rues et serrait le cœur. Dans les grottes du Chapon Fin, sevrés comme nous l'étions de tout, sauf de soles et de royans, nous fîmes honneur à la bisque d'écrevisses, au râble de lièvre, aux cèpes à la bordelaise et au vin du Château-Cos-d'Estournel. Nous avions des chambres au-dessus du restaurant. Comme notre train partait le lendemain de bon matin, nous fîmes nos adieux le soir. Radiguet nous accompagna jusqu'à notre porte. Tandis qu'il s'éloignait dans l'étroit couloir au tapis rouge, une lampe au plafond, cachée par une corniche et juste au-dessus de sa tête, éclaira violemment ses traits et métamorphosa son visage – que je ne devais jamais revoir.

Avant d'oublier, *1923, ed. Fayard, 1976.*

Jean Hugo (Passy, 1894 – Lunel, 1984)
Arrière petit-fils de l'écrivain, peintre, décorateur de théâtre et de cinéma, il collabora dans les années 1920-1929 avec Cocteau, Radiguet, le Groupe des 6, etc. Cocteau et Satie furent ses témoins de mariage. Il a raconté dans deux ouvrages ses souvenirs des Années folles, notamment ses rencontres, sur le bassin d'Arcachon, avec ses amis célèbres. Ce sont ses *Mémoires* et *Avant d'oublier*.

La Gautraie

Esquisses arcachonnaises

Septembre à son déclin a pris des allures de vieux beau, mais ce fut à sa naissance, un marmot bien désagréable.

Morveux, pisseux, rechigné, il a fait fuir tout le monde et Arcachon semble désert.

Heureusement, ce n'est qu'une impression, qui cède devant le premier rayon de soleil.

Il y a encore sur la jetée de jolies filles habillées ou presque et de respectables vieillards que la curiosité maintient allègres et guillerets.

Il y a encore des autos de maître sur le boulevard, des joueurs de tennis sur les courts, des voiles sur le Bassin, des chasseurs un peu partout et des lumières au casino.

La cohue est passée, heureux ceux qui sont demeurés.

Le séjour est devenu plus doux, plus intime. Ainsi le soleil attiédi caresse mais ne s'impose plus.

Comme il y a des absents, on se rapproche pour combler les vides ; on se connaît mieux, on fait moins de bruit et les souvenirs tiennent plus de place dans la conversation.

La pluie qui au début du mois s'est abattue en trombe et comme poussée par un vent de mars, semble avoir lavé le ciel et le golfe. [...]

Les clochettes des vaches tintent longuement et le vol des ramiers devient plus bruyant, cependant que le lit de mousse et d'aiguilles de pins qui recouvre le sol se fait plus moelleux et plus discret.

Les ajoncs poussent leurs premières fleurs.

C'est la saison des rêveries, des regrets, des promenades solitaires et le début des chasses à courre. [...]

Faut-il décrire les villas d'Arcachon posées au bord du Bassin comme des dents fraîches sur des lèvres souriantes ? [...]

Arcachon se repose à Moulleau et se recueille à Pyla. On ne

bâtit pas à Pyla, on se blottit. [...] Il y a de la clarté, de la joie, de l'air pur, du soleil pour tout le monde. Les plantes et les oiseaux ont quitté le Paradis pour fonder une colonie terrestre édénique dans ce parc d'amour dont les voies blanches et douces ont des échappées vers le ciel.

Quand le soleil descend à l'horizon, [...] tout Arcachon a les yeux dirigés vers le couchant irradié sur lequel se détachent en grisaille les frondaisons du cap Ferret. [...] Pointe de terre indéfinissable, elle s'enfonce dans les eaux comme un harpon, borne le Bassin, arrête l'océan et éclaire de son phare puissant tour à tour une mer méchante et des eaux bienheureuses.

Côté Bassin tout est gracieux et caressant.

Sur l'océan ce sont des sables infinis, des coquillages multicolores, des œillets dans les dunes et des pins enfoncés jusqu'au col dans la poussière blanche issue du fond des mers. [...] Tout est harmonie. Les couleurs et les sons, la douceur du climat et la sérénité des habitants s'amalgament pour créer une atmosphère bienfaisante.

C'est un Nirvana romantique qui étend son pouvoir sur toutes choses et qui fait aux êtres un réveil souriant et un sommeil plein de rêves paradisiaques.

On est étonné que des hommes, que de simples mortels puissent habiter une colonie qui semble faite pour des Dieux et qu'ils puissent vivre là une vie matérielle. On se complairait à rencontrer sur cette lagune des faunes et des déesses, des animaux mythologiques pleins de douceur et d'abandon, des colombes amoureuses et tous les enfants les plus gracieux d'Amphitrite.

Lorsque le voyageur débarque sur le vieux ponton qui prolonge une jetée branlante construite au milieu des huîtrières, il a l'impression de mettre le pied dans une île déserte que quelques robinsons industrieux ont aménagée à leur usage, mais il est étonné d'apercevoir des rails et un tramway préhistorique qui l'attendent pour le transporter à travers cet embryon de continent.

Les chevaux meuvent ce tramway au petit trot et parmi les pins et les dunes monotones l'amènent jusqu'à la mer qui retrousse ses lèvres vertes sur de féroces dents blanches. [...]

Un fleuve côtier... Un fleuve qui se jette directement dans la mer. Quelle crânerie ou quelle prétention !

Vous voyez d'ici ce filet d'eau douce, qui, sans être grossi par de nombreux affluents, s'en va, chef baissé, de sa propre autorité, à la rencontre du plus dangereux des adversaires.

Coup de tête, orgueil, désespoir d'amour ; est-ce pour l'un ou l'autre de ces motifs que La Leyre se précipite dans l'immensité océane ?

Je crois plutôt que c'est par curiosité pure, par goût de l'aventure que ce joli cours d'eau porte son onde vers le Bassin.

Depuis des siècles, la lande lui a tant parlé de ce havre radieux et paisible.

Depuis des lustres, elle lui a tant vanté la ville qui s'est assise sur ses bords que la jolie rivière landaise, curieuse comme une femme, a voulu voir le nouveau paradis terrestre.

Elle ne perd pas son temps la coquette rivière ; son onde transparente ne sait pas cacher son désir.

Elle court, vite, trop vite, sans s'arrêter, affolée par la proximité du but, comme si elle se disait : Lorsque je serai arrivée, j'aurai le temps, tout en admirant, de me reposer.

On la voudrait plus intime, plus aimante ; on voudrait parfois la voir un peu lasse, belle endormie, afin de la caresser plus longuement.

Elle a donné un baiser hâtif aux feuillages qui se penchent sur elle, aux prairies qui comme des voisines amies viennent lui faire des adieux éplorés, à la pignada qui gémit sur son départ et sur sa fuite précipitée.

Elle a bu le sang pauvre des crastes timides et les pleurs résineux des vieux pins résignés.

Et elle est partie.

Fleuve côtier !

Mais si vous remontez son cours sinueux et pressé, comme vous irez plus lentement qu'elle, vous pourrez vous arrêter souvent et jouir du repos dont elle n'a pas su profiter.

Et vous entendrez les soupirs de regret de la forêt, vous respirerez la mélancolie de ses rives et vous vous émerveillerez de rencontrer au milieu de tant de tristesse apparente une atmosphère d'une aussi intense béatitude.

Nulle part le recueillement et l'oubli ne sont plus enveloppants.

Et cette eau qui coule vers le gouffre inévitable, tandis que nous excursionnons à contre-courant rappelle le cours de la vie humaine que nous remontons avec la barque du souvenir, dans un paysage reposant imprégné de douce tristesse.

C'est une marée ! Les voici ces bons Bordelais tant méprisés, tant attendus. [...]

Ils y sont enfin dans cet Arcachon qu'ils ont désiré toute la semaine et leurs amis et connaissances sont accourus pour les y accueillir. [...] Un Bordelais qui ne villégiature pas à Arcachon est un homme perdu de réputation à quelque classe qu'il appartienne.

Il en est, comme disent méchamment les gens d'ici, qui ne mangent que des sardines pendant onze mois de l'année pour pouvoir vivre le douzième mois au bord du Bassin.

Éd. Féret & fils, 1925.

La Gautraie

Il est l'auteur de plusieurs romans régionalistes, notamment *La Bayadère aux doigts meurtris* (1921) et *Roman d'un paysan vendômois* (1923). Avec *Esquisses Arcachonaises*, il analyse dans un style très moderne et avec beaucoup d'humour les façons de vivre des estivants dans les différents lieux à la mode sur le Bassin.

François Mauriac

Nouveaux Mémoires intérieurs

Cette année-là [1903], j'eus une pleurésie qui terrifia ma famille : garçons et filles, on mourait beaucoup de la poitrine en ce temps-là – sous les pins d'Arcachon de préférence, car les cures d'altitude étaient inconnues.

Éd. Flammarion, 1959.

Le nœud de vipères

Au lendemain de cette hémoptysie qui transforma mon destin, de lugubres mois s'écouleront dans ce chalet d'Arcachon, où la ruine de ma santé consommait le naufrage de mes ambitions universitaires. [...] Ce corps qui avait tant souffert du régime auquel je l'avais plié, s'épanouit dans cette forêt sèche, pleine de genêts et d'arbousiers, du temps qu'Arcachon n'était qu'un village...

Éd. Grasset, 1932.

Préséances

Gravette [(1)], au nord du Bassin qui porte son nom, a vu depuis vingt ans l'eau patiemment ronger sa plage jusqu'à ce qu'il n'en restât plus rien ; la vague désormais s'attaque aux terrasses des villas dont chacune appartient à une grande Maison du chef-lieu. Ces dames vivent sur leur mètre carré de jardin, échangeant, pardessus les murs mitoyens, des saluts mesurés ; elles brodent devant la mer dont elles aiment dire qu'on ne se lasse pas de la regarder et qu'à aucun moment de la journée elle n'est la même. [...] Au vrai, attentives uniquement au va-et-vient des bateaux, appelés ici pinasses, curieuses de reconnaître les passagers pour équitablement distribuer les bonjours, les sourires, les hochements de tête, les pincements de lèvres, à chacun selon son rang.

Le dimanche, les trains de plaisir déversent un public hilare, mais bientôt désespéré à cause de l'absence de plage et parce que les villas rangées en bataille confisquent la mer au profit de ce monde-là. Des gens ont passé tout un jour à Gravette, sans qu'il leur ait été donné d'apercevoir la crête d'une vague ; reste la forêt où des phtisiques douteux viennent, dans des chalets jamais désinfectés, donner à leur maladie un caractère définitif. Mais la pinasse à pétrole aurait vite fait de nous emporter, Augustin et moi, de l'autre côté du Bassin, dans les dunes pareilles à du sel gemme, qui brodent l'azur noir de l'océan et qui, hérissées de grêles pins en jade, avancent sur le ciel un profil japonais.

(1) Pseudonyme donné par l'auteur à Arcachon

Emile-Paul Frères éditeurs, 1921.

Lettre à Jacques-Emile Blanche

le 7 août [1926]
Grand-Hôtel d'Arcachon

Je vois que le spectacle du monde continue de vous divertir et la merveilleuse stupidité des gens vous enchante. Je me demande si vous-même trouveriez ici qui que ce soit à vous mettre sous la dent : lourds Américains de la basse classe, Anglais méfiants ; – et ces repas interminables où mes enfants s'endorment entre le turbot et le rôti.

[...] Ici vous n'oseriez me traiter, même par antiphrase, de « grand romancier ». Je suis profondément inconnu à l'hôtel et nul ne se doute que « j'écris. » [...] Mais vous aimeriez ce grouillement de corps nus sur la plage – ce peuple des bords du Gange. Cette génération sait vivre sans vêtements. Les enfants et les adolescents jouent à la balle, presque uniquement vêtus de hâle : le rouge qu'on (me donnait) troublait l'eau de mon bain pour que je ne « me » voie pas, et mes chemises de nuit étaient à coulisse pour que je ne me caresse pas ! Que tout est mieux maintenant ! Que j'aime ce bonheur simple de tous ces êtres des deux sexes ! Que je les envie !

Cahiers François Mauriac, *Grasset.*

Commencements d'une vie

Des filles espagnoles aux larges hanches, escortées de ces frêles voyous qui ont, à l'oreille, un œillet, criaient : « Le Royan d'Arcachon » et « La belle Gravette » (Ainsi les Bordelais désignaient-ils ces fraîches et amères petites huîtres du Bassin).

Ed. Grasset, 1932.

Souvenirs d'Arcachon

Bien avant ma première rencontre avec la mer, je savais que les pins du parc où nous jouions composaient l'arrière-garde d'une armée immense, en marche vers Arcachon et vers l'océan. Ce coin perdu des Landes où nous passions la saison brûlante, nous déplorions qu'il fût très proche de la mer, à vol d'oiseau – et pourtant trop éloigné pour espérer découvrir à l'horizon une frange d'écume, même si nous avions su, comme le petit Poucet, grimper jusqu'à la plus haute branche.

On nous racontait bien que la nuit, lors des grandes tempêtes d'équinoxe, les bergers, qui gardaient leurs troupeaux sur la lande du Midi, entendaient les coups sourds de l'Atlantique. Mais, durant ces soirs d'automne, à la veille de la rentrée, en vain demeurions-nous aux écoutes. Et si l'un de nous disait : « Je crois que je l'entends... » nous savions que ce qu'il entendait, c'était la plainte du vent d'ouest dans les cimes tourmentées.

Nous étions les prisonniers d'un paysage inachevé : les pins et le sable appellent la mer ; et nous ignorions la mer. Je croyais qu'au-dessus de nos têtes les pins géants se lamentaient de ne rien connaître d'elle que son souffle amer. Sur cette terre pauvre, mais riche en bruyères roussies, où je m'étendais avec un livre, je savais qu'aux époques dont parlait l'Histoire sainte, l'eau salée avait tout recouvert ; et, quand je jouais avec ma fronde, il ne m'en fallait pas d'autre preuve que ce délicat coquillage dessiné dans la pierre, à mes pieds ramassée.

Sur les dunes d'Arcachon, les premiers pins de l'armée dont les nôtres composaient l'arrière-garde, se haussaient enfin et voyaient l'océan – ou plutôt ils croyaient le voir. Mais ce n'était pas lui encore. Arcachon, à mes yeux d'enfant, avait perdu tout prestige depuis que j'avais appris qu'on n'y voyait pas la « vraie mer ». Aujourd'hui, m'assurait-on, tu verras la vraie mer. [...]Nous traversions le Bassin dans un petit vapeur qui nous débarquait au Ferret. Des mules nous traînaient à travers des pins exténués d'avoir voulu atteindre la mer, rabougris, tordus par la tempête éternelle. Mais eussent-ils voulu ressembler à leurs frères vigoureux et purs du parc de mon enfance, préservés de cette passion ?

Je l'entendais, cette mer qu'une dernière dune me cachait encore et dont je cherchais le goût salé sur mes lèvres. Et soudain elle était là, et je doutais encore que ce fût elle, cette étendue informe et confuse. Quelqu'un disait : « Les troupeaux d'Amphitrite... ». Le charme d'Arcachon ici se révélait à nous : à Arcachon, l'océan se fait petit pour les plaisirs et pour les jeux humains : il joue avec les enfants des hommes. La rame et la voile et la pêche et la nage y dispensent un bonheur monotone. Non que le Bassin déçoive les artistes, ceux qui ont des yeux pour voir ; le paysage incomplet de mon enfance s'y achève enfin : les pins et le sable y rejoignent l'eau amère. Le sable devient dune ; il se gonfle comme une bulle entre le flot et le ciel. Les pins, qui sont dans la lande mêlés et confondus, ici s'isolent, se détachent sur un fond d'écume et d'azur – selon l'heure du jour et la lumière, plus noirs que les ifs ou d'un vert de jade. L'anneau de jade encercle le Bassin, mais demeure ouvert du côté des « passes » : portes de l'océan. Et c'est pourquoi il ne faut pas se fier à la bonace de cette minuscule mer. Unie à l'océan, elle en épouse les fureurs. Que de fois, entassés dans une « pinasse » et voguant vers Bélisaire sous le ciel le plus pur, vîmes-nous le marin soudain se hâter et mettre le cap vers les villas blanches et rouges d'Arcachon.

Ces villas, que mes yeux d'enfant se plaisaient à leur bariolage ! La plupart y furent construites, environ les années 80, au temps des vaches grasses, lorsqu'une bourgeoisie cossue trouvait au fond de ses coffres de quoi exprimer dans la pierre ses idées d'art. Elles durent souvent changer de propriétaires, car je me souviens que ma mère donnait aux plus anciennes des noms que personne, aujourd'hui, ne connaît plus. Les très vieilles villas sont du côté de La Teste. Mais Arcachon, village de pêcheurs, ne cessa de s'étendre, durant le dernier siècle, vers l'océan. Au-delà du Moulleau, on pouvait croire que la dune du Pyla ne serait jamais franchie. La « fleur des pois » aujourd'hui peuple ce désert de pyjamas et de corps dénudés. Sur l'autre rive du Bassin, pour le bonheur des automobilistes, une route nouvelle relie le Ferret au reste du monde. Jusqu'à ces dernières années, de petites stations balnéaires fixaient sur quelques points isolés la laideur humaine. L'infection était, comme on dit, localisée. Le chaste anneau de dunes et de forêts n'était pas rompu. Je me souviens d'avoir gravi cette dune du Pyla dans un pur matin d'hiver. Le sable paraissait aussi vivant que la mer, et plus qu'elle envahissant. Il ensevelissait peu à peu les pins eux-mêmes. Seules émergeaient les cimes de ces enlisés dont les branches désespérées agrippaient le sol. Nous dominions la forêt épaisse de La Teste, les passes écumeuses et le vide océan. C'était avant la vie, et l'esprit de Dieu flottait sur les eaux.

Aujourd'hui encore, il ne manque pas, autour du Bassin, de

plages où planter sa tente; et il le faut bien puisque celle d'Arcachon a été peu à peu rongée. Quelques mètres en subsistent au bas de la jetée, et que la ville entretient à l'usage des « trains de plaisir »: sur cet étroit espace, les dimanches d'été, une foule pullule: les robes retroussées des femmes sur des jambes trop blanches les gonflent comme des poules inquiètes. Les hommes mouillent le bas de leurs caleçons longs. Époque étrange que celle où les pauvres gens sont empêtrés dans des vêtements de cérémonie, le cou étranglé par des faux cols, les pieds serrés dans des bottines: et ce sont les classes aisées qui « se mettent à l'aise », vivent nues.

Les Arcachonnais n'ont que faire d'une plage: ils ne quittent pas l'eau. C'est un dogme qu'à Arcachon « il faut vivre sur l'eau ». Beaucoup y trouvent la joie parce qu'ils prennent une part à la manœuvre. Mais le simple promeneur que je fus toujours, celui qui reçoit en plein nez la vergue quand le vent tourne, avec quelle espérance, après des heures d'ennui, voit-il se rapprocher la terre! Et soudain le canot semble se raviser, tire une bordée et, ô désespoir! cingle de nouveau vers le large.

Homme libre, toujours tu chériras la mer... ce vers de Baudelaire m'humilie. Ne suis-je donc pas libre? Au vrai, cette conformité m'échappe que le poète découvre entre le gouffre marin et l'esprit de l'homme. Et d'abord la mer qui irrite les nerfs, et qui bouscule, et qui soufflette ne laisse place à aucune réflexion. Ceux qui la chérissent prétendent qu'elle est vivante parce qu'elle bouge: mais il n'est, dans la nature, rien de plus aveugle, de plus sourd, de plus inhumain: c'est une matière sans mémoire. Les montagnes et les coteaux forment les vagues d'une mer immobile où ne bougent que les ombres glissantes des nuages. Voilà l'océan qui m'est familier – celui où s'inscrivent les travaux et les saisons, où la trace demeure de ceux qui nous ont précédés.

Les navigateurs d'aujourd'hui n'impriment pas sur l'océan une marque beaucoup plus profonde que le sillage de la première embarcation humaine: cet éventail d'écume qui s'ouvrait, un instant, à la poupe de notre « pinasse », c'est tout ce que cette masse informe a jamais retenu de la créature libre. Mais la terre est tellement saturée d'humanité qu'elle « humanise » même l'océan, lorsque celui-ci, comme à Arcachon, s'unit aux pins et aux dunes, lorsqu'il ne domine pas et que des arbres en colonnes lui imposent leur ordre. Pourtant on dirait qu'il hait cet ordre et qu'il n'aura de cesse qu'il ne l'ait détruit.

Autour du Bassin nous assistons aux deux phases de la lutte. Tantôt la mer attaque avec violence ou sape sournoisement: après avoir dévoré la plage, elle assiège digues et perrés: et tantôt elle se retire au contraire, s'éloigne le plus possible des rivages humains. Sur le bord opposé à celui d'Arcachon règnent d'étranges pays de vase que l'eau recouvre encore à l'heure de la marée. Avant le déjeuner, la mer brillait sous vos fenêtres; et quand vous voulez la contempler de nouveau, elle n'est plus là; c'est, à perte de vue, une plaine où seules quelques flaques luisent – et, sans les pinasses échouées comme des baleines mortes, on pourrait croire que la marée n'est jamais venue si loin. Ici, la mer n'attaque plus, elle se dérobe.

Mais que ceux qui n'aiment pas la mer songent à cette forêt d'Arcachon où les pins, assez éloignés de l'océan pour n'avoir pas souffert de son souffle, érigent leurs troncs écailleux. À l'abri des dunes, fleurissent tôt les genêts et les ajoncs; et le sous-bois est plein de ces arbousiers que nous ne pûmes jamais acclimater dans

notre lande natale. Sans doute, aux abords de la ville, des chalets se dissimulent entre les troncs, et sous les vérandas se devine parfois un corps allongé. Si vous redoutez les ombres, il est aisé d'éviter cette ville d'hiver que l'été, d'ailleurs, dépeuple : la maladie ne supporterait pas cette ardeur du ciel d'août et du sable ni ce goût de résine, de miel et de varech dont s'imprègne le vent du large après qu'il a soufflé sur les pinèdes.

Arcachon rappelle les grandes vacances bienheureuses, les enfants qu'on grondait parce qu'ils entraient pieds nus dans la villa, le jardin au bord du bassin, où un monsieur bordelais, un peu corpulent, portant à la casquette l'insigne de la Société « la Voile », maniait ses jumelles marines d'un geste d'amiral, attentif aux régates qui se disputaient sous ses yeux. La course inclinait les bateaux dont la voilure touchait presque la vague.

À l'horizon, au-delà des glauques eaux, des dunes et des pins sombres, dans l'azur métallique s'élevait le nuage d'un incendie. Les forêts, du côté de Croix-d'Hins, flambaient et ce beau jour avait un goût de cendre.

L'Illustration, *7 octobre 1933, numéro spécial automobile et tourisme.*

Journal II

À marée basse, les bancs de sable émergent comme les dos roux et salés des Dieux qui habitent les profondeurs. À l'entour de ces immenses corps à demi-engloutis, s'agitent des flots de jade translucide. Puis, soudain, l'eau devient noire là où elle recouvre les abîmes. Seuls, les pins gardent dans leur attitude tourmentée, le souvenir des assauts qu'ils soutinrent, à d'autres époques contre la mer démente. Mais qu'ils sont calmes, aujourd'hui entre le sable et l'azur ! Chacun d'eux porte sur son écorce une cigale pour l'endormir. À l'horizon, leur foule pressée sur la crête des dunes pâles sépare les eaux et le ciel.

Éd. Grasset, Journal II, 1937.

Journal d'un homme de trente ans

Dans la forêt proche [1], ma mère faisait construire un chalet style Arcachon dont les paysans admiraient les briques vertes, jaunes, rouges et noires ; et je l'admirais pour les mêmes raisons que les paysans : les couleurs du dehors semblaient ternes auprès du bariolage violent et tendre des plafonds : celui du salon surtout, m'enchantait : une crème fouettée de rose que j'eusse mangée.

(1) À Saint-Symphorien

Éd. Egloff, 1938.

Les chemins de la mer

La vie de la plupart des hommes est un chemin mort et ne mène à rien. Mais d'autres savent, dès l'enfance, qu'ils vont vers une mer inconnue. Déjà l'amertume du vent les étonne, déjà le goût du sel est sur leurs lèvres – jusqu'à ce que, la dernière dune franchie, cette passion infinie les soufflette de sable et d'écume. Il reste de s'y abîmer ou de revenir sur ses pas.

Éd. Grasset, 1939.

Mémoires intérieurs

Je ne me souviens pas d'avoir entendu parler de Toulouse-Lautrec, quand j'étais à Malagar. Mais l'été, il séjournait à Taussat, sur le bassin d'Arcachon, où fréquentaient aussi des membres de ma tribu. Je découvris plus tard que les histoires cocasses de ce peintre nabot et sans prestige qu'on racontait chez moi concernaient un des plus grands artistes de l'École française moderne.

Éd. Flammarion, 1959.

Bloc-notes

J'ai été voir l'océan au Cap Ferret, dans une forêt encore sauvage où mon frère a bâti sa maison. Il subsiste, pour atteindre la mer, une piste bétonnée qui suffirait à donner la mesure de la démesure allemande. Il était fou de monter cette garde illusoire face à l'Atlantique, là-même où les brisants constituent une garde infranchissable... Mais à peine dépassées les ruines du dernier blockhaus, la plage déserte était pareille à celle que virent les premiers hommes. Une phrase à demi oubliée d'Anatole France me revenait en mémoire : « L'antique océan qui berça les premières amours de la terre. » Sur le sable intact, où n'apparaissait aucune trace humaine, j'ai ramassé une coquille qu'avaient sculptée ces surréalistes : les millénaires. Si je dressais cette coquille sur un support d'ébène, en y inscrivant le nom de Braque, ou d'un autre de nos génies, on s'émerveillerait. Eux aussi, ils imitent la nature, mais ils n'en imitent que les hasards, et non ce qui porte le signe d'une pensée, d'une ressemblance éternelle.

Bloc-Notes, L'Express, *le 24 avril 1960.*

Par une chaleur qui remontait de tous les étés écrasants d'autrefois, nous avons roulé vers l'océan. Entre Saint-Symphorien et Facture, que cette route était solitaire ! La forêt me rappelait la fournaise des parfums de mes vacances, il y a soixante-dix ans, avec de brusques fraîcheurs quand nous traversions un bas-fond. Je ne dirai rien de ce qui était le but de notre voyage : le Cap Ferret. J'ai connu dans ma jeunesse cette forêt sauvage entre le bassin d'Arcachon et l'océan, alors que la route n'allait pas au-delà d'Andernos : ce devait être ainsi à l'époque où Cocteau y vint avec Radiguet ! Aujourd'hui… mais je m'irrite moi-même de mon perpétuel gémissement. Qu'ai-je à faire d'autre que d'attendre assis avec ma valise auprès de moi sur ce dernier quai de la dernière gare et que de penser à cette seconde qui ne sera pas suivie d'une autre ?

Bloc-Notes, Le Figaro Littéraire, *le 9 septembre 1966.*

À la télévision, ce film, *Moulin rouge*, qui tourne autour de Toulouse-Lautrec, je me demande s'il subsiste un seul point du film, conforme à ce qui fut vraiment son destin. […] À la fin de sa vie, Toulouse-Lautrec fréquentait une petite station balnéaire sur le bassin d'Arcachon, Taussat, que ma famille fréquentait aussi ; et je me souviens d'avoir entendu parler avec dérision de cet ivrogne qui avait du cognac dans sa canne. Le film a conservé ce détail.

Bloc-Notes, Le Figaro Littéraire, *le 15 août 1970. (Flammarion)*

François Mauriac (Bordeaux, 1885 – Paris, 1970).
D'après les renseignements donnés à Robert Fleury par Jean Mauriac, fils de l'écrivain, François Mauriac aurait séjourné une dizaine de fois à Arcachon ou au Pyla, entre 1913 et 1935. Il se rendait également de temps en temps dans la villa de son frère, à La Vigne. Il est évident qu'il était plutôt marqué et inspiré par les pins ou les vignes que par l'océan. Il évoque pourtant ça et là le Bassin, dans son œuvre romanesque, *Préséances* ou *Le Noeud de vipères*, dans des articles de presse, dans son *Journal*, voire dans son *Bloc-Notes*.

Jean Balde

Le Goéland

Le village d'Arès, posé sur le bord du bassin d'Arcachon, entre la grande nappe d'eau et les bois de pins, est habité par des pêcheurs et des résiniers. On y respire une odeur de mer et d'huîtres fraîches. À la marée basse, les longues pinasses des parqueurs jonchent une étendue désolée de vase qui rejoint l'horizon. Le ciel est parcouru de nuages marins et de grands triangles d'oiseaux qui le transpercent comme une flèche. Les couchers de soleil y sont beaux et mystérieux. Le globe rouge tombe derrière les ondulations des dunes boisées, dans l'océan invisible dont retentissent les jours de mauvais temps les coups lents et sourds. [...]

Dans ce pays, les plus riches exploitations sont recouvertes par la mer. Il y a, au-delà du chenal balisé de branches de pin, plus loin que la croix dressée en face du port, les parcs invisibles sur lesquels chacun reprend pied à la marée basse. Les huîtres y sont aussi nombreuses que les grains de blé dans un champ. Les travaux qu'elles réclament mettent en mouvement, d'un bout de l'année à l'autre, la fourmilière affairée des barques. Pour les pêcher, les transporter à terre et les rapporter, après le triage sur les chalands de la plage et dans les hangars, hommes et femmes, pareillement vêtus de vareuses et de caleçons, ne se lassent pas de prendre les rames ou de hisser sur leur pinasse une voile basse et comme besogneuse.

Le flot approchait, sans qu'on pût distinguer les barques, et le lit du chenal n'était encore qu'un sillon de vase. Un vol de bernaches errait au-dessus de ce désert, volant bas, rasant de leurs ailes les boues irisées. Le ciel gardait la couleur des bourrasques grises. Mais une étroite lagune d'un jaune de soufre, étirée au couchant par-dessus les dunes, glaçait la vase d'un reflet fragile et phosphorescent.

L'horizon derrière eux était encore d'un gris de fumée. Une rafale se levait. Les rayures de la pluie s'effacèrent sur le clapotis.

Autour de ce rond miroir d'eau, le bassin d'Arcachon, un cirque sinueux profile ses lisières de pins et de sable, boursouflées de dunes, les unes boisées, d'un vert de bronze, d'autres sauvagement nues, aux crêtes d'argent rose, couleur de désert. Partout un océan de silence et de solitude. Les petits villages de pêcheurs ressemblent à des vols d'oiseaux de mer posés sur la plage.

La fourmilière noire des pinasses a laissé derrière elle la croix dressée en face du port, le pied dans l'eau grise. La marée recouvre lentement les vases. La nappe couleur de nuage s'est insinuée entre les plaques de joncs roussis. Tout à l'heure, une odeur de marais montait de la boue où criaillaient, balles de neige dans la bourre d'herbe, une nuée de mouettes. Maintenant, la morne étendue, avec ses barques à sec, ses grappins épars, s'abîme peu à peu dans une vivante métamorphose.

Quelques pétroleuses ronflent et vont décrire avant de mouiller des courbes rapides. Le petit port, avec sa tour, son clocher d'église, et ses cabanes posées sur le sable, aspire de loin tous ceux qui reviennent. Le vent souffle dans les voiles basses. Au milieu des lagunes vaseuses où le couchant allume quelques œillets d'eau, le

chenal est une couleuvre d'argent qu'encombre le défilé besogneux des barques. Entre les pinasses et la jetée où la marée jette quelques éponges d'une écume rousse, c'est un va-et-vient continuel de charrettes, de pêcheurs bottés qui marchent dans l'eau.

Sous la galerie du poste de douane, les vieux retraités n'ont pas de plus vif plaisir que de voir passer les femmes qui reviennent, profilées dans le crépuscule sur la longue bande pierreuse ; procession où les plus lourdes, rappelant ces courges rondes et roulantes qui servent de bouées, alternent avec les fines et souples parqueuses. Celles-ci, quand elles surgissent, chargées de leurs paniers, des râteaux de parc, causent une sorte de saisissement, telles de petites déesses marines.

C'est d'hier que date la prospérité de cette côte. Un grand-oncle de Sylvain se rappelait le temps où Arcachon, aujourd'hui reine du Bassin, rassemblait à peine cinq ou six maisons. *Heri solitudo, hodie civitas*, dit la devise inscrite dans ses armes. En 1859, Napoléon III vint visiter la ville naissante. Il n'y avait encore que quelques chalets qui sortaient de terre au milieu d'un bois. Une bonne femme, la mère Fleurette, promena sur son âne le prince impérial. Quelques Landais étaient venus sur leurs échasses : l'un d'eux, qui était de Mios, avait apporté une poule en présent ; il attendit deux heures sous la pluie pour offrir enfin au souverain sa poule trempée.

Sur le Bassin régnait cette âme de la solitude qui a gardé quelque chose du temps de la Genèse.

Devant eux, le phare du Ferret n'avait pas encore achevé sa veillée nocturne. Dans la ligne grise de l'horizon, le génie du feu éveillait longuement une flamme couleur de rubis, puis une autre qui avait l'éclat de la neige ; séparées par de graves pauses, cadencées comme les battements d'un cœur de lumière, ces apparitions jetaient au seuil du mystérieux royaume de l'océan des éclatements de joyaux brisés.

Peu à peu la clarté nocturne changeait de couleur.

Mais une longue bande de nuages qui était montée de l'orient au-dessus des pins interceptait les teintes de l'aube. Il y avait seulement sur l'étendue lisse une fleur de lumière grise.

Quant aux oiseaux, cette arène marine est leur royaume. À côté de l'océan dont gronde la voix continue, ils ont là un inépuisable réservoir à poissons où règne la paix. Que la tempête soulève les vagues et vous les voyez se hâter en bandes par-dessus les dunes, goélands au vol royal, mouettes si dédaignées des pêcheurs qu'ils rejettent à la mer celles qui se sont prises dans leurs filets, nuages d'alouettes, canards de toutes sortes, passants innombrables selon les saisons de ces grands espaces aériens.

Une terre porte leur nom : c'est l'île-aux-Oiseaux, désert de sable avec quelques cabanes isolées et de rares bouquets d'arbres, près de laquelle s'élargit le chenal le plus poissonneux de tout le Bassin. C'est là qu'ils tiennent leurs conciles, têtes bleues, outardes, bernaches, poules d'eau noires qui parlent : co, co, co, et ont à la naissance du bec une membrane blanche, grands hérons rêveurs. Là est le lieu de réunion des vols dispersés. Sans doute, les décisions solennelles des départs y sont-elles prises. [...]

Mais les goélands, aux ailes puissantes, sont les maîtres de cette solitude. Qu'importe que le marin, méprisant, leur reproche le goût d'huile de leur chair coriace et les accuse de vivre de « saletés »

comme le cormoran. Entre les pêches où l'on voit plonger brusquement leur capuchon gris, lorsque le vol qui formait un nuage s'est dispersé par gros flocons, l'un d'eux se détache pour une royale rêverie. Celui-là glisse seul. Il est le sauvage ami du Bassin vert glauque, gris de lune ou bleu; l'ami des dunes boisées, odorantes et violettes, à l'âme solitaire; l'ami des nuages cendrés et couleur de boue que le vent pourchasse. Il voit aller et venir les petites barques pareilles à des fourmis noires. Il voit s'élever et s'abaisser les voiles grises, les voiles rousses, les hommes courbés jeter le filet, et le retirer. Il les dépasse et les domine. Il est par moments plein de joie, d'orgueil et de cris. Il est le goéland gris argent que nulle main humaine n'a touché. Son poitrail n'a jamais trempé que dans le vent, le soleil et l'eau. Il est la vie vierge. Le ciel est à lui, et l'océan, et le monde.

1924-1925; L'Horizon Chimérique, *(réédition 1992).*

Jean Balde (Bordeaux, 1885 – La Tresne, 1938).
C'est sous ce pseudonyme que Jeanne Alleman débuta dans les lettres avec un volume de vers *Âmes d'Artiste* (1908) qui fut couronné par l'Académie Française, comme d'ailleurs, en 1916, son *Mausolée, heures de guerre.* Elle écrivit également de nombreux romans provinciaux, notamment *Le Goéland,* dont l'action se situe à Arès.

Guy de Pierrefeux

Terre d'Amour

Les professionnels venus de tous les villages du littoral sont reconnaissables à la longueur de leurs filets, à la rusticité de leurs costumes, à la majesté de leurs profils grecs, à la vétusté de leurs pinasses coaltarées, tandis que les amateurs le sont à leurs sennes minuscules, à l'élégance de leur déshabillé marin, à la nonchalance de leur attitude, à la coupe gracieuse de leurs bateaux vernissés.

[...] À cette époque de l'année il n'y avait sur le banc [1] que des courlis et des goélands et un marin de La Teste qui était venu avec sa famille habiter un ponton abandonné par un riche Bordelais. Il était vraiment le roi de cette île. La tempête lui payait le tribut de ses épaves ; du bois en pagaille, des caissons de vins et de liqueurs et parfois le corps des noyés mangés par les crabes et qu'il ramenait à La Teste pour toucher la prime. [...]

Nous avons eu, sous la Révolution, une parente de la Teste qui avait acheté le dôme de la chaire d'un monastère édifié dans notre forêt, Notre-Dame-des-Monts. Elle fit construire avec ce dôme des

lieux d'aisances, et comme elle affectait des idées révolutionnaires, elle disait, en patois, à qui voulait l'entendre : « Jamey n'ey ta bien cagat comme dans la chaire de véritat… » ce qui veut dire… Nous avons compris ! Eh bien, vous me croirez ou vous ne me croirez pas, cette malheureuse est morte d'une constipation tellement épouvantable qu'elle rejetait par la bouche ce que nous rendons par ailleurs.

[…] La saison d'été battait encore son plein quand Arlette arriva dans la maison de famille du boulevard de l'Océan, avec sa tante.

Ses vêtements corrects faisaient tache au milieu des chemisettes élégantes qui permettent l'exhibition des chairs brunies au soleil. La jeune fille qui pousserait des cris de vierge pudique si un ami la surprenait en chemise de nuit en train de se laver les pieds, montre avec complaisance aux bains de mer tout ce qu'elle cache ailleurs, tant il est vrai qu'il n'y a que la première nudité qui coûte.

Les curés des paroisses d'Arcachon avaient dû faire bonne garde pour que leurs églises ne soient pas transformées en salles d'exposition pornographique. Celui de Saint-Ferdinand ne se contentait pas d'avoir fait afficher au-dessus des bénitiers que « l'entrée de l'église était interdite aux femmes qui n'étaient pas vêtues d'une façon décente », il se tenait sous le porche, comme l'ange du paradis terrestre, pour en défendre l'entrée à celles qui, à l'exemple d'Ève, montraient leurs fruits défendus. Le curé de Notre-Dame refusait la communion à une jeune fille du meilleur monde qui, sous prétexte qu'elle sortait du bain de la pénitence, s'était présentée à la Sainte Table dans un costume trop balnéaire.

La maison de famille du boulevard de l'Océan n'échappait pas à l'épidémie du nu qui sévissait même chez les femmes mal faites.

Il y avait là des familles de Bordeaux, pas assez fortunées pour se payer une villa dans ce quartier aristocratique, mais dont toute la joie était d'habiter dans le voisinage de ces anglo-bordelais qui avaient fait du boulevard de l'Océan une succursale de leur Pavé-des-Chartrons.

Arlette s'amusait beaucoup de voir jusqu'à quel point cette hiérarchie vinicole était respectée et enviée par les jeunes filles du *boarding-house*, qui pour avoir l'air de connaître leurs hautaines voisines les désignaient par des noms intimes et souvent ridicules. Leur journée était ensoleillée de bonheur quand, à force de courbettes, elles obtenaient un sourire protecteur de ces jeunes filles du Pavé, ce qui n'arrivait pas à Bordeaux, excepté à la veille des ventes de charité. [...]

Le Bassin n'était jamais le même. [...] Un jour les voiles des yachts passaient lentement sur les eaux bleues, comme des mouettes. Le lendemain, les voiles semblaient ne faire qu'un avec les vagues vertes...

(1) Le banc de Pinau

Imp. Ferret, 1924.

Le Revenant

Les chasses à courre d'Arcachon avaient cessé avec la guerre. On songea à les reprendre en 1920.

Le directeur de l'hôtel Régina, qui rêvait de rivaliser avec Pau, Biarritz et Nice, se mit en quête d'un maître d'équipage à qui il offrait l'hospitalité de son palace. [...]

Un beau matin il débarqua. [...] Le maître d'équipage et sa

compagne égayèrent les soirées de Régina et devinrent vite le centre d'une petite agitation mondaine qu'Arcachon ne connaissait plus depuis la guerre. Quand le maître arrivait chez Foulon après la chasse à courre, dans sa redingote rouge ouverte sur un impeccable gilet blanc à boutons d'or, on se groupait autour de lui et les joyeux éclats de rire fusaient avec le champagne.

Imp. Ch. Hiller, 1925.

Guy de Pierrefeux (Bordeaux 1864 – 1937)
De son vrai nom: Louis, Charles, Daniel Auschitzky. Sous son pseudonyme, on doit à cet auteur qui s'est installé à Arcachon, en ville d'hiver, au début du XXe siècle, de nombreux ouvrages à caractère politique, mais surtout un « roman-guide » consacré à Arcachon, *Terre d'Amour* (1924) et plusieurs biographies anecdotiques consacrées à quelques illustres visiteurs du Bassin*: Le surhomme de la Côte-d'Argent* (1928): G. D'Annunzio, ou bien *Madame Quand Même* (1929): Sarah Bernhardt.

Bertrand Peyneau

Les ruines de Lamothe sont celles de la ville de Boii

Les ruines que j'y ai mises à nu ne peuvent être que celles de la ville de Boii, chef-lieu de la Cité des Boiens, dont on a vainement cherché la place jusqu'à ce jour; et cela est d'autant plus certain qu'elles occupent exactement [...] la situation assignée à cette ville par l'Itinéraire d'Antonin. [...]

Si importants que soient les restes de cette ville, ils ne donnent qu'une faible idée du rôle auquel ses fondateurs la destinaient.

Elle était en effet pourvue d'un port, dont la construction avait nécessité les plus grands travaux, et qui, malgré tous les délabrements, existe encore. C'est même le seul port du bassin d'Arcachon qui ait été établi en eau profonde, et les pêcheurs de Biganos en utilisent tous les jours, sans s'en douter, une partie, qui suffit et bien au-delà à leurs besoins.

Ce port survécut à la disparition de la ville de Boii, et, grâce à lui, le nom de cette ville ne s'éteignit pas avec elle, et on le retrouve, au Moyen Âge, dans une charte de l'année 1089, aux termes de laquelle le duc d'Aquitaine accordait aux moines de la Sauve l'autorisation d'acheter, sans payer de droit, du poisson et notamment des seiches, *apud Burdegalam, vel Boyas*. [...]

Le ruisseau d'Arneyre a toutes les apparences d'un canal factice. [...] Cette canalisation, aujourd'hui en très mauvais état, a manifestement été exécutée par la main de l'homme et sa direction rectiligne en est la preuve.

Elle constituait un organisme maritime et fluvial dont le Goulet (*gula*) était la porte d'entrée, la bouche, et dont le Culet (*culus*) était la porte de sortie, l'anus. Le renflement inférieur était l'avant-port, et le renflement supérieur ou Eyga le port intérieur de la ville de Boii...

La marée pénétrait largement dans cette canalisation et se faisait sentir dans toute son étendue, grâce à l'horizontalité naturelle des terrains traversés, surtout avant que les bouches de l'Eyre eussent été obstruées par les sables qui s'y accumulent sans interruption.

Les bateaux, arrivés du bassin d'Arcachon dans l'avant-port, où ils entraient par le Goulet, attendaient, en eau calme et profonde et à l'ancre, l'heure du flux, pour les porter au cœur même de Boii, pendant que les bateaux du port intérieur, mettant à profit le reflux, descendaient à l'Eyre à travers le Culet. [...]

Une installation aussi complète a dû entraîner des dépenses devant lesquelles les Gallo-Romains auraient peut-être reculé, si elles n'avaient pas été rendues nécessaires par les défectuosités de la navigabilité de l'Eyre. Cette rivière n'a en effet, pendant l'été, qu'un tirant d'eau insuffisant, tandis que ses débordements pendant l'hiver rendent son lit inabordable.

Les Boiens retirèrent de ces travaux d'autres avantages qui n'étaient pas moins appréciables. Ils réussirent, grâce à eux, à dessécher et assainir des terrains, qui n'ont pas moins de 500 hectares d'étendue. [...]

Grâce à cette installation maritime, les Boiens étaient en communication permanente avec la mer et pouvaient, avec des bâtiments d'un fort tonnage, se livrer à des opérations commerciales qui dépassaient les limites du bassin d'Arcachon ; aussi franchissant les passes, ils pénétraient dans l'océan Atlantique et exerçaient un trafic le long de ses côtes et à l'intérieur de ses fleuves.

Ils exportaient la résine, le miel, la cire, la laine et le bois, peut-être le minerai de fer et le sel, en un mot les produits de leur sol et de leur industrie, et rapportaient en échange ceux qui leur manquaient. C'est ainsi qu'il faut expliquer la présence dans le sous-sol de Lamothe des pierres de la Gironde et des Charentes, des granits de Bretagne, des cailloux des gaves, des marbres des Pyrénées, des verroteries et des poteries de fabrication étrangère, sans parler des objets périssables, tels que les céréales, etc. qui n'y ont laissé aucune trace.

Favorisés par leurs ports, qui leur permettaient d'embarquer et de débarquer à toute heure, les Boiens s'adonnaient aussi, comme le font leurs successeurs, à la pêche et à l'ostréiculture. J'ai recueilli à Lamothe des ossements de poissons de toutes variétés, avec des hameçons de bronze et des poids de filets, des coquillages, tels que moules, cardiums, coquilles Saint-Jacques, petoncles, coutoies ou clovisses, pitorres, etc. et surtout un nombre prodigieux de coquilles d'huîtres, formant sous la terre des amas qui atteignent jusqu'à 1 mètre d'épaisseur.

Ces huîtres offrent des caractères indiquant qu'elles étaient, comme aujourd'hui, l'objet d'une véritable culture. Elles appartiennent exclusivement à la catégorie des gravettes, *Ostrea edulis*, les portugaises étant, dans le bassin d'Arcachon, d'importation récente. Beaucoup présentent des dimensions extraordinaires, qu'elles n'atteignent plus que rarement, soit qu'on les laisse moins vieillir, soit que la fertilité de ce golfe soit moins grande.

M. B. en a rencontré d'entièrement semblables à Bordeaux, dans les ruines gallo-romaines qu'on mit à nu en construisant le Magasin des Dames de France, et j'ai tout lieu de croire que les huîtres bordelaises tant vantées par Ausone, étaient originaires du bassin d'Arcachon.

aussi franchissant les passes... 1928

Le port de pêche de Boii était déjà, à l'époque gallo-romaine un des principaux centres d'approvisionnement de la ville de Bordeaux en « fruits de mer », et les moules que Théon avait jointes aux huîtres dans son envoi à Ausone, et dont celui-ci le remerciait dans une de ses épîtres, avaient probablement la même provenance.

(1) Dans les fouilles qu'il a réalisées à Lamothe, le Dr. Peyneau a recueilli des pièces de monnaie gallo-romaines datant d'une vaste période allant de l'an 29 av. J.-C. jusqu'à l'an 408 apr. J.-C.

Éd. Feret et Fils, 1926.

Bertrand Peyneau (Mios, 1855 – id. 1934).
Médecin et maire de Mios (de 1881 à 1919), il a été l'organisateur des fouilles entreprises sur les bords de l'Eyre, et notamment à Lamothe, où il a mis à jour les vestiges de l'antique Boii, chef-lieu de la cité gallo-romaine des Boiens, et, à cette époque, seul port en eau profonde du bassin d'Arcachon. Il a fait don de sa collection à la Ville d'Arcachon, en 1930. Les pièces présentées au Musée-Aquarium de la Ville avaient été cachées à Mios pendant la seconde guerre mondiale.

André Armandy

Les cribleurs d'océan

Le cap Ferret est un long promontoire de sable qui, tel un môle naturel, protège le bassin d'Arcachon contre les violences du large. Tapi sur l'eau en lévrier de mausolée, il s'y étire vers le sud, et sa pointe déliée forme une sorte de musoir qui jalonne au nord le pertuis par où, deux fois le jour dans chaque sens, fluent et refluent les eaux de l'océan.

Comme la mousse à l'orient d'un arbre, le maquis des Landes gasconnes vient expirer au revers de ses dunes, clair vêtues de gourbets, fleuries d'héliotropes sauvages, d'immortelles et de chardons bleus, humbles corolles sans parfums, accrochant leurs racines à ce sol sans humus. Les dunes en leur déclin, s'y achèvent en grèves blondes que lissent à l'ouest, l'Atlantique et à l'est, les eaux du Bassin.

Le pays par lui-même n'est pas de ceux qui tentent le touriste. Sans accident, pas même pittoresque, il n'offre rien à prospecter aux éditeurs de cartes postales. Ainsi que ces visages flous dont le charme est insaisissable aux précisions de l'objectif, il n'a rien de photogénique. Tout en nuances, il n'a point de dessin. Une mondaine égarée y chercherait en vain un casino, un thé, un dancing, un palace. Rien n'en récrée la solitude; rien n'en trouble la sérénité.

Il est isolé comme une île. Ses sables et sa forêt le protègent contre le progrès. Aucune route n'y pousse son ruban; on n'y accède que par eau. Partie la petite vedette aux horaires imprécis qui, de jour et l'été, fait courir sa navette entre son wharf et Arcachon, on y est aussi séparé du monde qu'en la plus lointaine colonie.

Administrativement, le Cap-Ferret est partie détachée de la commune de La Teste. Détachée est le mot. Seize kilomètres l'en séparent, seize kilomètres d'eau. Le maire de La Teste en est aussi le député, ce qui soustrait l'un aux ingérences de l'autre. Ce sont les marins qui l'élisent.

Aucun d'eux n'est domicilié au Cap-Ferret. Ils n'y séjournent que l'été, durant les mois où la tiédeur des eaux y attire le poisson du large. Ils y habitent des bordes de planches ou de vieux pontons réformés hissés sur des rondins hors de l'atteinte des marées. Seuls des citadins de Bordeaux ou d'ailleurs, contribuables assujettis à la cédule D, y ont édifié quelques chalets. Ils paient pour cela de lourds impôts fonciers et même – ô ironie ! – une taxe vicinale à la commune de La Teste, mais ils n'y sont point électeurs.

En conséquence de quoi le Cap-Ferret demeure dépourvu de voirie, d'eau courante, d'égouts, de police : en un mot, de tout ce qui différencie un village nègre d'une bourgade civilisée. C'est dans la norme, et rares sont ceux qui s'en plaignent. Ce qu'on redoute le plus au Cap-Ferret, c'est, sinon le progrès, son escorte.

Bleu, serti d'or dans son écrin de forêt toujours vert, le bassin d'Arcachon avait la quiétude d'un beau lac italien. À peine si de faibles risées, en l'effleurant de griffes impalpables, fripaient par instant son lapis.

Depuis les démêlés qu'eut le captal de Buch avec un certain Du Guesclin, les « ploucs », que par ailleurs on nomme les Bretons, sont la bête noire des natifs de La Teste.

Le port de La Teste de Buch a ceci de particulier que c'est un port qui n'a point d'eau. Tapi dans un repli des rives du Bassin, ce n'est guère qu'un large fossé recourbé en forme de crosse, où l'on accède par un chenal boueux qui n'est à marée basse qu'un maigre ruisselet cheminant parmi les vasards.

La mer, quand elle en a le temps, vient y faire son petit tour. Elle y pousse des eaux chargées de sédiment, couvertes de cloques et d'écume qu'elle a cueillies sur les crassats, enfle son niveau limoneux jusqu'à soupeser les pinasses dont les coques juxtaposées cernent les berges du fossé, stagne un instant, s'ennuie puis s'en retourne, pressée de purifier son haleine et sa lèvre au contact des eaux du large.

En hâte, la flottille appareille et la suit, défile en longue théorie, contrôlant le plan d'eau de la pelle des rames et, parvenue dans les eaux vives, s'égaille, chacune tirant vers tel enclos qui est le sien parmi les agglomérations sporadiques de parcs qui quadrillent les fonds du Bassin, pour ne regagner son mouillage que douze heures après, quand la mer y consent. Car La Teste de Buch, port sans eau, est une colonie de parqueurs d'huîtres.

Le fossé est bordé de cabanes de planches. La forêt usagère en a fourni le bois, gratuitement, car chaque habitant de La Teste y a droit au cube de pin nécessaire à édifier ses constructions. La licence remonte au temps où le captal de Buch gouvernait le pays. Les mêmes tuiles creuses qui servent au parqueur à agencer sous l'eau les collecteurs qui transformeront en naissain la crème séminale sécrétée par les huîtres, coiffent de toits décolorés ces cabanes noirâtres. Chacune porte un numéro. Ce ne sont pas des habitations, mais des chais, remises individuelles où chacun entrepose son matériel de parc.

Effarouchés par les bourrasques de septembre, les citadins avaient rentré leurs tentes et leurs chaises, clos leurs chalets et s'en étaient allés, restituant au Ferret sa solitude, aux grèves leur virginité. J'étais resté pour regarder s'empourprer les arbouses, les figues se velouter, les aiguilles de pin se givrer le matin de perles de rosée, les bidaous, les catalans et les bolets sortir de leur croûte de sable comme des gnomes encapuchonnés; pour voir glisser, les ailes étendues, les grues dans le ciel pâlissant; pour souhaiter à coups de fusil bonne traversée aux palombes et pour voir jaillir tout à coup d'une touffe de genêts le flo-flo-flof d'une bécasse; bref, pour y déguster la vie au ralenti et en savourer les nuances.

1928 – 1929. Éd. Équinoxe, (réédition 1998).

André Armandy (Paris, 1882 – id. 1958).
De son vrai nom, Albert, André Aguilard, il s'oriente vers la littérature après avoir été blessé à la guerre. Il écrit une cinquantaine de romans tout en voyageant un peu partout à travers le monde. En 1924 puis en 1925, il passe des vacances au Cap Ferret, à l'hôtel de la Pointe. L'idée des *Cribleurs d'Océan* lui vient à partir de ses rencontres avec les pêcheurs testerins. Il construit lui-même une habitation flottante (un ponton) qu'il ancre dans l'anse du Mimbeau, au Cap-Ferret. En 1945, il y achète un terrain dans le site appelé *Les 44 hectares* et il y fait construire une villa.

Maurice d'Hartoy

Dieu nous voit

En vérité, l'hiver en Gascogne, et surtout en ce golfe d'argent, miraculeusement abrité, offre souvent des fêtes insoupçonnées. La brise est à peine assez vive et houleuse pour rappeler que l'été n'est plus, mais elle demeure toute pleine d'odeurs divines et de murmures enchantés. Par un privilège étonnant, le sol de ce pays ne connaît point la fange. Quand, d'aventure, le ciel verse quelques larmes, le sable des promenades devient plus ferme sous le pied du touriste. Les sports nautiques et terrestres ne perdent jamais leurs droits, la chasse bat son plein, l'excursion est reine. À cheval dans l'immense forêt; à bord des canots de plaisance, parmi les doux frémissements de l'océan captif; en voiture à sable, au creux des dunes sans cesse agitées d'une volonté obscure; partout l'homme entend la chanson douce et grave d'une terre amoureuse et pacifique...

Éd. de la Vraie France, 1928.

Maurice d'Hartoy (Berneville, 1892 – 1974)
Enseignant de français en Allemagne, avant la guerre de 1914, il collabore ensuite à de nombreux journaux, lance *Le Courrier de Paris*, puis fonde les Éditions Maurice d'Hartoy. On le retrouve Consul général de République Dominicaine à Genève, à la veille de la seconde guerre mondiale. Il est l'auteur de nombreux ouvrages littéraires.

Joseph de Pesquidou

Le livre de raison

« Souvenirs»

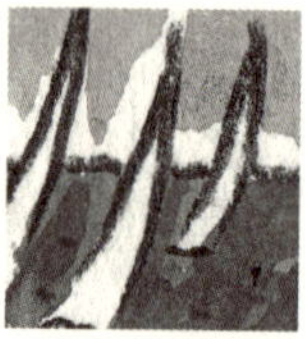

«... La Côte d'Argent? l'Armagnac?.. Je suis des deux. L'un m'a envoyé à l'autre. J'avais onze ans. J'entrais au collège chez les Pères dominicains, à Arcachon... »

(...) Le train roulait. Les pignadas traversés des confins du Gers aux abords de la Gironde, le train stoppa dans une gare terminus, une voix cria « Arcachon. » Il était nuit. A peine avais-je vu de la voie, au loin, une ligne pâle d'eau luire sous la lune qui naissait.

La nuit, ce fut l'hôtel banal, et, le matin, l'incorporation, avec le sentiment d'être devenu une unité dans un tout organisé; puis la première classe, la première récréation. Mais des mots enchanteurs circulaient parmi les nouveaux. Les anciens parlaient de la ville. Ils récitaient sa devise: *heri solitudo, urbs hodie, cras civitas.* (Hier solitude, ville aujourd'hui, demain cité). Ils contaient son histoire.

Hier – cet hier au reste de l'âge des villes, qui n'a point de mesure avec celui de l'homme – il n'y avait que des dunes arides. En marche sous l'effort du vent, déplacées grain à grain, elles envahissaient l'intérieur et versaient le silence et la stérilité. On les planta de pins pour les fixer; un hameau se blottit à leurs pieds. De ces cabanes de pêcheurs en alerte encore entre le flot mal contenu, accouru de l'océan par des passes redoutables, et la forêt en croissance insuffisamment protectrice, Arcachon naquit sur ce bord isolé.

Aujourd'hui, insoucieuse des sables fixés que ne roulait plus la tempête, tenant tête à la terrible houle, arrêtée et détournée par les digues amoncelées, la ville étalait sur la plage ses rues, ses places, ses jardins, ses avenues bordées de platanes géants, gravissait les dunes, villas par villas éparses, pareilles à des fleurs de pierre et de brique entre des barrières peintes, au tournant de routes blanches, au milieu de clos intimes où les pins se berçaient au vent tamisé et parfois y menaient comme une colonnade., même un autre quartier grandissait vers les près salins et la forêt extérieure. De sorte que l'on comptait trois villes dans une seule, appelées ville d'été, d'automne ou d'hiver, selon l'emplacement, comme si l'on avait voulu suivre le pas des saisons pour l'aise et le plaisir de l'homme.

Quant à demain, quant à la cité future, quelques-uns la voyaient déjà surgir, née des trois villes et acheminée vers l'ouest. C'était une vision éblouissante. Avec des carrefours d'allées comme en des parcs princiers, des perspectives profondes sur le Bassin où l'eau monte et descend comme au large, elle traverserait les Abatilles, absorberait en les multipliant les feux égaillés du Moulleau, aborderait les hauteurs du Pilat où les courlis jetaient seuls leur cri triste, les nuits d'orage. Elle irait, de plus en plus populeuse, à pas hâtifs, rejoindre le soleil, là-bas, où il tombe chaque soir, écouter peut-être avec Tacite « le bruit qu'il fait en s'immergeant dans l'abîme ».

Ces récits nous hantaient à l'étude. « Quand verrions-nous la ville ? - Plus tard, quand vous serez habillés (vareuse et grand col, et béret et pompon comme les matelots.) » Mais, ce soir même, un autre désir nous saisit. Comme nous sortions pour la prière à la chapelle et attendions d'entrer par l'étroite porte, une grande voix s'entendit. S'enflant par moments avec de sourds éclats pour retomber et reprendre sans fin, elle emplissait l'espace. Après la prière, dans le silence nocturne plus profond, elle grondait et rendait comme un mugissement irrité. Cela arrivait de très loin et

ne semblait étonner personne, comme une chose éternellement entendue. On chuchota à nos oreilles : « C'est le bruit de la mer sur la plage. » Nous l'avions deviné. Au dortoir, on l'entendait encore, assourdi.

Le matin, il s'était tu. On nous dit : « On ne l'entend pas le jour, excepté par gros temps. » Nous ne savions pas que le bruit vivant de la terre le couvrait. Comme pour la ville, nous demandâmes : « Quand verrons-nous la mer ? - Au prochain grand congé. »

Les premières promenades eurent lieu en forêt. On allait sur de longues pistes sablonneuses, au pied de dunes rousses d'aiguilles mortes, quelquefois encombrées d'un sous-bois : chênes verts, arbousiers, épines et brandes ; et partout des pins à la cime maigre, au fût cannelé, la multitude des arbres protecteurs décrite, qui avait l'air de s'ouvrir et de se refermer incessamment. Ce sol qui cédait, cette solitude végétale surprenait et fatiguait le fils de la terre ferme et des horizons cultivés que j'étais. Le surveillant nous dit que la forêt se continuait ainsi, ouverte et close toujours, si semblable parfois que la bête sauvage y cherchait sa voie. Un grand silence sans écho régnait. Et nous réfléchissions à cette errance inquiète de l'animal, comme si nous étions nous-mêmes une horde humaine égarée, n'ayant pour nourriture que les fruits des arbousiers qui commençaient à rougir...

Arrive enfin le grand congé, le premier jeudi de novembre. On touche à l'été de la Saint-Martin, dernière ardeur de l'astre... On part avec le jour, au vent levé, sur une goélette du collège, l'Éclipse. Tous ont embarqué, maîtres et élèves. Les grands sont à la manœuvre, les petits, debout contre les bastingages, ouvrent les yeux, et surtout les nouveaux. On croise des pinasses à l'aviron, aiguës des deux bouts ; des canots sous voile partis pour la pêche, et des trois-mâts à l'ancre, bateaux massifs, aussi larges que hauts, des charbonniers anglais dont la vue me révéla le va-et-vient commercial entre les peuples. Et l'on vire de bord, on met le cap sur la rive opposée du Bassin où la brume du matin se déchire. Arcachon recule et, sur la côte en face, qui parait nue, le phare se dresse comme une colonne d'argent C'est marée basse encore.

En route, on nous montre l'île-aux-Oiseaux que le reflux découvre. Elle bombe comme un immense bouclier. Tous les oiseaux de la mer y plient l'aile un moment et les grands migrateurs pour couper l'exténuante traversée. D'où son nom ailé. [...] On voit d'autres bancs encore. Piquetés ceux-là de parcs à huîtres, où d'étranges bateaux carrés sous un toit comme une maison, sont échoués, ancres ballantes. Ce sont les pontons, où des hommes montent à l'heure du flot pour surveiller la richesse immergée. On veut nous expliquer comment le mollusque naît et vit là, et se charge de chair succulente sous l'écaille. En vain, notre imagination est montée avec ces hommes sur le bac. Durant la nuit surtout. La nuit sereine, quand le peuple des vagues bruit seulement ou s'endort; la nuit de tempête où le vent hurle, où le flot bondit en écumant. [...] Que font-ils, bercés ou secoués, solitaires?

Cependant, la terre approche. On crie bientôt: « Accostez. » La manœuvre se fait contre un appontement de bois. On décharge les vivres et tout de suite on marche pour la mer.

Aujourd'hui, comme le premier soir, son mugissement emplit l'espace. Mais il est continu, on n'entend plus de chutes de bruit. Nous avançons. Les quelques arbustes rencontrés au départ, se font rares, disparaissent, puis les broussailles même et les brandes. Une herbe longue, éparse, croît seule dans le sol aride, fait de grains brillants. Elle est sans suc aucun. La dune monte comme une colline. Sur la crête, un grand vent souffle mêlé d'une poussière de sable, une saveur salée imprègne l'air. [...] C'est le souffle et le goût de la mer, en bas. [...] Les houles croulent les unes après les autres, tranquilles, avec des fumées d'écume, animées d'un mouvement en avant croissant, car le flux commence. Arrivées du fond du ciel, sorties du cercle entier de l'horizon dont elles dépassent incessamment la hauteur, elles débouchent aplaties à l'œil, formant comme une plaine liquide immense, et s'enflent de plus en plus jusqu'au rivage où elles déferlent, intarissables, à perte de vue. [...] La côte retentit toute de leur choc. [...] Au-dessus d'un vol accoutumé, de pâles oiseaux planent les ailes grandes, sans un cri, et plongent parfois jusqu'à toucher le flot.

Muet, attardé dans le vent sur la crête, au milieu de ce fracas, je contemplais la mer ruée sur la plage déserte, on ne savait comment contenue. Un maître dit derrière moi : « Vous ne connaissiez pas la mer ? Venez, descendez. » Je descendis sans répondre. Mes camarades se déchaussaient pour entrer dans l'eau. Je fis comme eux. Et la mer vint se briser, s'étaler, s'épuiser à nos pieds, la mer qui ne pouvait aller plus loin.

On déjeuna sur la plage à midi, assis à l'abri d'une baraque de planches enfoncée là pour les visiteurs de l'Océan, comme nous. Nous causions en mangeant, de la mer bien entendu. Un vieux caboteur qui pilotait l'Éclipse nous racontait (à sa manière) que ce mêmé déferlement de houles, sous l'attraction des mêmes astres, aurait lieu à des milliers de kilomètres quelques heures plus tard, sur une autre côte, en Amérique, comme si les eaux oscillaient d'un continent à l'autre, tantôt plus fort ici, tantôt là-bas, sans sortir jamais de leur immense lit, même les jours de tempête. Car cette mer, aujourd'hui magnifique, si calme et lumineuse, était aussi la mer sauvage et démontée, couverte d'écume, à qui rien ne résistait, qui ne comptait plus les naufrages, les nuits aveugles de l'équinoxe surtout. Il parlait des myriades de poissons nourries par elle, de l'infusoire au cétacé ; des bancs de coraux vivants, pierre et animal à la fois qui hérissaient par endroit sa surface ; des bancs d'algues qui l'encombraient et vous retenaient comme avec la main, et des courants qui la sillonnaient, dus comme les fleuves de la terre à des monts dressés dans ses profondeurs. L'un d'eux, arrivé du Mexique, était si brûlant au départ qu'il réchauffait encore nos côtes en les touchant. Il parlait des vents alizés soufflant sous les tropiques, qui semblent naître avec le soleil et le suivre de l'est en ouest ; enfin, de la rotondité de ces masses ruisselantes, derrière lesquelles un navire disparaissait peu à peu à l'horizon comme s'il descendait une colline, bien que les passagers aient l'impression de cingler de niveau. […]

Tous écoutaient, même ceux qui savaient, espérant quelque révélation nouvelle sur l'abîme. Pour moi, je me perdais dans ces merveilles, rendues plus miraculeuses par sa présence.

Il fallut partir pour rentrer avant la nuit. La marée achevait de monter dans le Bassin. Le flot qui courait dans les chenaux, entre les parcs qui s'enfonçaient, et l'île-aux-Oiseaux se marquait d'une ligne légère d'écume. Le courant portait vers Arcachon, on laissa l'Éclipse le prendre. Pas de vent, ou imperceptible. Et nous vînmes par le travers de la ville.

On la distinguait d'ensemble dans le lointain, soit assise au ras de l'eau, du chalet Péreire au château Deganne, tandis que l'église Notre-Dame s'avançait au milieu presque, dominant les toits et les masses d'arbres environnantes, avec l'air de marcher au travers pour gagner la jetée en face, soit étagée derrière, sur les dunes, en cette mosaïque de villas que j'ai dites qui sortaient une à une de leur cadre de fûts, de leur voûte de cimes, pour se perdre dans la masse vive de la forêt, au fond du ciel.

Le soleil descendant la couvrait de rayons obliques, de longs faisceaux qui allaient chercher tout ce qui pouvait reluire et s'allumer : les pierres polies par la vague ou lavées par la pluie, les vitres des fenêtres, les bandes métalliques des toitures, les tuiles, les briques rouges, les barrières peintes, les troncs blancs des platanes perdus parmi les pins, si bien que la ville paraissait flamber par places, prise d'incendie, et de longs cordons de feu couraient partout. Mais l'incendie ne consumait rien ; il ne jetait ni tourbillons d'étincelles, ni fumées, la ville restait paisible, abandonnée à l'embrasement astral, peut-être alanguie, et cette possession de la flamme était comme une fête d'amour et de joie.

Jamais pareille féerie d'architecture et de jardins ne m'avait enchanté, pareil jeu d'ombre et de lumière. Des descriptions ardentes d'Orient, entendues d'un peintre ami à la maison, me

revenaient à l'esprit, et je croyais longer quelque autre Corne d'Or, mot magique, surgie là comme dans un conte des Mille et une Nuits.

Souvent, plus tard, mes études finies, j'ai revu Arcachon. Homme fait, je l'ai habité, un moment Je me suis enfoncé à cheval dans la forêt sans bornes, déversée jusqu'à l'Espagne, le long de ce rivage nommé d'un nom lyrique : Côte d'Argent ; j'ai suivi la trace des troupeaux libres, errants, pour respirer la solitude et le silence à leur source ; j'ai gravi des sommets où l'on ne savait plus, devant la houle infinie des arbres et des flots confondus aux regards, laquelle, de la forêt ou de la mer, oscillait en chantant ; j'ai assisté au cheminement de la cité future, sous qui la dune manquera bientôt, le large atteint ; cependant, rien n'efface de ma mémoire la première impression de la mer tout à coup embrassée, de la ville mi-couchée sous le soleil du soir. [...]

Ces mirages me suivront jusqu'au bout. Le moindre spectacle des choses les réveillent. Que nos landes ruissellent sous la pluie, et j'évoque les plages désertes, inondées à perte de vue, et l'Océan qui débouche de l'arche démesurée du ciel ; et je ranime la ville embrasée par le couchant pour peu qu'il rougisse quelques toits en pente de chez nous, épars sous un feuillage. [...] Pour le bruit de la mer, je l'entends dans mes pins parasols. Le vent y chante, y gémit, y murmure. [...] C'est le sanglot ou le mugissement des eaux. [...] Les images, les sons s'appellent et s'élargissent les uns les autres.

Libraire Plon, 1932

Joseph de Pesquidou (Savigny-lès-Beaume, 1869 – Saint-Pierre-du-Houga, Gers, 1946)

Gentilhomme terrien, il est l'écrivain d'une Gascogne dont il s'emploie a dépeindre les paysages et à chanter les joies de la vie rustique : *Sol de France, Travaux et jeux rustiques, Sur la glèbe, Le Livre de raison*. Dans *Le Livre de raison*, il raconte ses souvenirs d'enfant, originaire de l'Armagnac et découvrant la mer, la forêt et les dunes, en entrant à Arcachon au collège Saint-Elme. Il reçoit le Grand prix de littérature en 1927, puis entre à l'Académie française en 1936.

Albert de Ricaudy

La nouvelle route Arcachon-Pilat-Biscarrosse

Non seulement [...] la route Arcachon-Pilat-Biscarrosse apparaît comme une attraction touristique de premier ordre, mais son intérêt historique mérite qu'on s'y attarde. [...]De prolongement en prolongement, elle finira bien, malgré tout, par atteindre Biarritz. [...]

Les travaux ont été entrepris à la suite d'une décision de l'administration en date du 20 octobre 1936. Ils sont faits au titre des grands travaux contre le chômage.

La main d'œuvre est exclusivement composée de chômeurs recrutés par l'intermédiaire des Offices Publics de placement. Le personnel de maîtrise seul peut être recruté en dehors des chômeurs.

Actuellement, il y a environ 160 chômeurs employés au chantier. La plupart habitent La Teste et Arcachon, une cinquantaine ont été recrutés à Bordeaux et dans les autres centres ouvriers du département.

Imprimerie Montagé, 1937.

Albert de Ricaudy (Paris, 1870 – Pessac, 1951)
Journaliste et homme de lettres, c'est la maladie qui le contraint à se retirer à Arcachon où il s'intéresse très vite à la vie locale. Il contribue à fonder, en 1927, la Société Historique et Touristique d'Arcachon et du pays de Buch et en devient le président. Il est l'auteur d'un ouvrage manuscrit intitulé *Histoire Générale des Pays du Captalat et des Captaux de Buch.*

Salvador Dali

Comment on devient Dali

Gala me décida à partir pour la montagne me reposer dans les Pyrénées, tout près de la frontière, au Grand-Hôtel de Font-Romeu. La guerre approchait à pas de géant. [...] La mobilisation partielle obligea l'hôtel à fermer. Nous repartîmes pour Paris où j'interrogeai la carte pour ma campagne d'hiver, essayant de combiner un lieu éloigné d'une invasion possible et mon désir de bien manger. Je mis finalement le doigt sur un des points nostalgiques de la cuisine française : Bordeaux. Les Allemands y arriveraient en dernier, au cas, qui me paraissait improbable, où ils seraient vainqueurs. De plus Bordeaux signifiait les bons vins, le civet de lièvre, le foie de canard aux raisins, le canard aux oranges et les huîtres d'Arcachon.

Arcachon ! Je venais de trouver l'endroit exact, à quelques kilomètres de Bordeaux. Nous n'y étions pas depuis trois jours que la guerre était déclarée. J'installai mon atelier dans une villa de style colonial donnant sur le bassin d'Arcachon. Nous la louâmes à M. Calvet, le plus grand bavard du monde entier. J'en eus la preuve lorsque Coco Chanel vint passer quelque temps chez nous. Jusqu'alors j'avais considéré que c'était elle la plus grande bavarde. Un soir, devant un plat de sardines grillées et un verre de médoc, je les confrontai pour voir quel était le champion. L'issue de la lutte demeura incertaine pendant trois longues heures. Puis insensiblement, à la fin de la quatrième heure, M. Calvet finit par l'emporter. Sa victoire était surtout due à l'habileté de sa technique respiratoire. Il rythmait si bien son souffle qu'il n'avait pas besoin de s'arrêter, alors que Coco se lançait éperdument dans un discours qu'il lui fallait interrompre pour respirer. Alors M. Calvet, sans en avoir l'air, reprenait le fil de ses idées et partait pour ne plus s'arrêter. Avec adresse, il choisit aussi des sujets sur lesquels Chanel perdait pied, notamment les termites. Très vite elle dut s'avouer à bout d'idées sur ces insectes et M. Calvet en profita pour dévider le récit entier de ses expériences africaines.

Pendant ce temps-là, les troupes allemandes progressaient. [...]

Coco Chanel ressemblait à un cygne blanc, à la tête légèrement baissée, avançant sur le flot de l'Histoire qui allait bientôt tout inonder. Le meilleur de la « race » française se trouve en elle. Elle parlait d'ailleurs, comme personne, de cette France qu'elle aimait éperdument. Elle ne quitterait jamais ce pays, même dans la pire détresse. [...] Les deux semaines qu'elle passa à Arcachon nous forcèrent à réviser nos idées, à les cerner d'un trait plus net. La guerre en cours exigeait déjà cette forme que nous voulions donner à nos pensées. Mais l'originalité de Chanel était le contraire de la mienne. Depuis toujours, j'exhibe impudiquement ma pensée, tandis qu'elle, sans la cacher, ne l'exhibe pas mais l'habille. La haute couture a toujours eu chez elle une détermination biologique, une origine pudique. Son corps et son âme sont les mieux habillés de la terre. [...]

Jamais je n'ai travaillé avec un si brûlant sentiment de responsabilité intellectuelle que pendant cette guerre à Arcachon. Je me donnai entièrement à l'âpre combat de la technique et de la matière. Cela devenait de l'alchimie, une lutte féroce pour le mélange exact des couleurs, de l'huile et du vernis qui rendrait à la perfection ce que mon âme ressentait. Combien de fois je passai une nuit blanche parce que j'avais versé deux gouttes d'huile de trop ! Seule Gala fut témoin de mes rages, de mes désespoirs, de mes rapides et fugaces extases et de mes rechutes amères. Seule, elle sait à quel point la peinture devint pour moi, à cette époque, une féroce raison de vivre et une raison encore plus féroce d'aimer Gala, car elle était réalité, et le portrait que je ferais d'elle serait mon Œuvre. Mais pour arriver à ce portrait de ma Galarina comme je l'appelais, il fallait d'abord me crever au travail, mettre en ordre toutes les valeurs, créer ma propre cosmogonie. Cela était tuant ! Seule Gala me faisait vivre !....

La vie secrète de Salvador Dali, (réédition La Table Ronde, 1984).

Salvador Dali (Figueras, 1904 – 1989)
Eté 1939. Le peintre et sa compagne, Gala, reviennent de New York, à la veille de la déclaration de guerre. À la recherche d'un lieu de refuge, ils se retrouvent à Arcachon, où ils s'installent le 31 août, villa Flamberge. On retrouvera le site du bassin dans l'une des célèbres toiles du peintre : *Shirley Temple, ou la Sphinge de Barcelone*, puis sur une autre toile peinte à Arcachon : *Deux morceaux de pain exprimant le sentiment de l'amour*, où la dune surplombe le village de son enfance : Cadaques.
Dans son style inimitable, une brûlante sincérité et une conscience impudique de son génie, Dali raconte ses souvenirs du Bassin.

Roland Dorgeles

Vacances forcées

Pourquoi le taire ? On fausserait l'Histoire, on trahirait la vérité, en assurant que le désastre plongea la France entière dans la consternation. Non. Beaucoup se disaient simplement : « Ouf ! C'est fini !....» Peut-être la stupeur engourdissait-elle les esprits ? C'est la seule excuse que je puisse trouver. Certes nous avons tous été témoins de scènes bouleversantes ; je n'oublie ni les muettes embrassades, ni les paupières rougies, et ce fut un apaisement dans ma peine d'apprendre la fin du drame dans le salon de ce petit hôtel d'Arcachon où les pensionnaires se levèrent sans un mot, en entendant le maréchal annoncer l'armistice, puis se retournèrent pour pleurer. »

Éd. Albin Michel, 1985.

Roland Dorgeles (Amiens, 1886 – Paris, 1973)
De son vrai nom, Roland Lecavele, il est l'auteur de nombreux récits pittoresques sur la bohème de Montmartre. Mais il connaît surtout un succès considérable avec *Les Croix de Bois*, où il donne un témoignage simple et émouvant de la vie des poilus dans les tranchées, en 1914-1918. En 1940, à l'heure de la défaite, il part au dernier moment, sans savoir où aller, et erre de ville en ville. C'est ainsi qu'il se retrouve à Arcachon.

Marcel Aymé

Travelingue

Allongés dans leurs transatlantiques et le chef abrité des ardeurs du soleil par un même parasol, madame Lasquin et Johnny devisaient sur la plage du Pyla. Devant eux, à quelque cent mètres, Micheline et Milou, qui venaient de prendre un bain, se séchaient sur le sable au milieu d'un groupe de gisants couleur de terre cuite [...]

Je ne vois pas les enfants, dit madame Lasquin.

– Ils sont là, devant nous, au milieu de tous ces jeunes gens allongés. Je reconnais Evariste à la forme de son corps. C'est tout de même une chose bien singulière, ne trouvez-vous pas, que cette différence qui existe entre les formes de l'homme et celles de la femme.

– Je n'y avais jamais pensé, dit madame Lasquin, mais c'est bien vrai.

– Regardez toutes ces femmes en costume de bain. Aucune ne ressemble à l'autre. Leurs formes sont incertaines et n'ont rien qui soit vraiment humain. Du moins il me semble. On pense un peu à des animaux. Voyez cette dame avec le gros ventre et les jambes grêles. Ne dirait-on pas une sarigue ?

– Mais oui ! mais parfaitement ! que c'est drôle !

– D'autres font penser à un ruminant ou à un pélican ou à un cheval de ferme. Vous observerez du reste que le mot croupe ne s'emploie guère que pour les femmes et les animaux. On dit une croupe de femme, comme on dit une croupe de jument. En somme, le corps d'une femme est un peu une transition entre celui de l'homme et celui de l'animal [...]

Madame Lasquin, d'un sourire et d'une inclinaison de tête, répondit au salut d'une dame qui passait dans un groupe de promeneuses.

– C'est cette dame qui nous a déjà salués hier, dit-elle en se tournant vers Johnny. [...]Ce matin, nous avons échangé quelques mots sur la jetée. Elle m'a même dit qu'elle vous avait connu autrefois. Et j'ai appris par elle que vous avez été un pédéraste très en vue.

– Mon Dieu, fit modestement Johnny.

Madame Lasquin n'ignorait pas qu'il existe des homosexuels, mais n'ayant eu que très rarement l'occasion d'entendre le mot *pédéraste* et sans qu'il s'accompagnât jamais d'aucun commentaire explicite, elle se laissait abuser par un fallacieux rapprochement d'étymologies et attribuait à ce terme le sens de coureur à pied.

– Mon gendre est aussi un grand pédéraste, dit-elle, mais depuis qu'il est marié, il ne peut plus courir autant qu'il voudrait.

– Naturellement, soupira Johnny avec compassion.

– C'est dommage. Il a une très bonne technique. J'ai eu l'occasion de le voir à l'œuvre il n'y a pas longtemps. C'était vraiment très intéressant. Quand il s'est rhabillé, il était aussi frais qu'avant de commencer. Mais je pense qu'il aura mis à profit ces quelques

.. les formes de l'homme et celles de la femme ..

semaines de solitude à Paris. Ce n'est pas que notre présence le gêne beaucoup. Micheline et moi, nous pensons qu'il ne peut pas y avoir pour lui de meilleure distraction. [...]

Ces vacances à la mer lui semblaient si ennuyeuses et les après-midis si longs et si bêtes. [...] Ce besoin des gens riches de venir bâiller pendant des semaines dans ces espaces inhumains, était pour lui incompréhensible. Durant les heures interminables qu'il passait en compagnie de Micheline, tous deux allongés sur le sable au soleil, il songeait avec nostalgie aux mouvements des boulevards parisiens, aux cafés, aux filles, et même à sa banlieue natale où le regard ne risquait jamais de rencontrer de vastes espaces nus et calmes...

Éd. Gallimard, 1942.

Marcel Aymé (Joigny, 1902 – Paris, 1967)
L'écrivain de *La Jument verte*, des *Contes du Chat Perché* et autres *Clerambard*, situe en partie sur la plage du Pyla, dans *Travelingue*, les péripéties de deux familles, en 1936, au début du Front Populaire. Les Lasquin viennent de marier leur fille à un garçon qui sacrifie sa jeune épouse à une « vocation de coureur à pied ». Un jeune boxeur de poids mouche, Milou, protégé par un vieux pédéraste, fait son entrée dans ce milieu bourgeois. Sous la fantaisie souvent assez folle, on trouve dans ce livre une très étonnante fresque sociale.

Pierre Benoît

Seigneur, j'ai tout prévu

Quand le soleil, insensiblement, descend entre les barreaux des pins, sur la vaste étendue des eaux mortes, il se fait, au moment exact où il va disparaître, un silence d'une majesté infinie. Les derniers passereaux se sont tus. Un vent glacial se met à courir, striant la blême surface du Bassin de rides fugitives. On n'entend plus que le tic tac du moteur de quelque canot attardé, ou le clapotement plus alangui, plus cadencé, de quelque lente paire de rames. Puis tout s'éteint, et seule demeure la sourde plainte de l'océan, là-bas, à gauche, à l'horizon.

En face, à demi caché par la végétation, s'étendait le Bassin. Une ligne de dunes jaunâtres le bordait au nord. Il était à peu près désert, en cet instant de l'après-midi. Seuls passèrent, cahin-caha, quelques chalutiers, aux allures de canards poussifs et grotesques, puis quelques barques à bords plats, qui revenaient des parcs à huîtres. Une file d'oiseaux se dessina, très haut dans le ciel.

– Par exemple ! ne put s'empêcher de murmurer M. de Maisoncelles.

– Fichtre ! fit de même Laërte. Des oies sauvages, déjà ! L'hiver va être précoce, cette année.

Le repas était servi sous la véranda d'un modeste chalet en bois de pin, cérémonieusement appelé Hôtel Chantecler. Huîtres, petites saucisses grillées, omelette, palombes rôties, il était dû à l'industrie infaillible de Mme Dourthe, hôtesse landaise émérite, et propriétaire de l'établissement susnommé. Un gramophone dans la cuisine, s'occupait à moudre et à remoudre le quadrille d'*Orphée aux Enfers*. L'air immobile sentait les algues, le fenouil et la résine. Le Bassin d'un bleu très pâle, scintillait, sans une tache, sans une voile, sans une ride, semblable à un vaste plat d'argent bien frotté.

Aude, à quatre heures [...] franchissait le seuil de la pâtisserie Foulon. [...] Laërte était là. Il l'attendait dans le petit salon tapissé de velours vert qui fait le fond du magasin. [...] On commençait à arriver pour le thé. Des jeunes gens et des jeunes femmes en costumes de plage menaient grand bruit, s'interpellaient, d'une table à l'autre, par leurs prénoms, et Bobby par-ci, et Ketty par-là, et Teddy par-là, et Dolly par-ci, le tout avec une charmante pointe d'accent de la Benauge et de Langoiran. [...] On parlait, on riait, on circulait à travers le magasin avec des assiettes de gâteaux qu'on était allé soi-même choisir dans les vitrines. Tout ce bourdonnement, tout ce bruit de volière se fondait, finissait à équivaloir au silence. Il eût fallu qu'il s'arrêtât pour qu'on l'entendît.

Éd. Albin Michel, 1943.

Pierre Benoît (Albi, 1886 – Ciboure, 1962)
Considéré comme l'un des maîtres du roman d'évasion, Pierre Benoît est l'auteur de 40 romans en 40 ans, dont beaucoup ont inspiré des cinéastes de son époque : *Koenigsmark, l'Atlantide, Soleil de Minuit,* etc. Dans *L'Île verte,* il évoque un sujet d'une étonnante actualité, les rapports difficiles entre les chasseurs et les amoureux des oiseaux, ces oiseaux qui sont les véritables héros de ce livre. Dans *Seigneur, j'ai tout prévu,* Benoît situe une partie de son roman sur le bassin d'Arcachon, avec toujours la même richesse d'imagination, un goût pour un fantastique modéré, pour le suspense et le mystère. Les décors y sont soigneusement dépeints et révèlent une documentation précise.

Marie de Regnier

Lettre à Robert Fleury

8 mai 1959

J'aimais beaucoup ce pays, surtout avant le Pyla. La réussite de cet endroit nouveau a, pour moi, abîmé la forêt qui était si belle dès le Moulleau avec sa dune et ses chemins « chevaleresques ». Les autos ont voulu des routes, les camps d'aviation se sont emparés des lacs – adieu ! les longues promenades en charrette à sable jusqu'à la pointe du Sud et le déferlement de la mer !!! Mais tout cela reste en ma mémoire, avec reconnaissance, car ma chère sœur de Voisins a dû à ce climat quinze ans de vie nouvelle.

Marie de Regnier (Paris, 1875 – Suresnes, 1963).
Fille du poète Jose-Maria de Heredia, elle est connue en littérature sous le pseudonyme de Gérard d'Houville. Femme de lettres aux amours tapageuses, on lui connaît de nombreux amants célèbres, notamment Pierre Louÿs, Henri Bernstein, Gabriele d'Annunzio, tandis qu'elle devient, par convention, l'épouse d'Henri de Régnier. En 1913, elle découvre Arcachon où sa sœur Louise se repose après sa tuberculose. Désormais, elle y fera de nombreux et longs séjours, dans le quartier abrité et boisé de la Ville d'Hiver. Le docteur Fleury, qui fut maire de cette ville, lui consacrera plusieurs ouvrages, recueillant même ses souvenirs dans une lettre qu'elle lui adressa à la fin de sa vie.

Jean-Paul Sartre

Les mots

Nous passâmes quelques temps à Arcachon et je fus à l'école communale : les principes démocratiques de mon grand-père l'exigeaient. Mais il voulait aussi qu'on me tînt à l'écart du vulgaire. Il me recommanda en ces termes à l'instituteur : « Mon cher collègue, je vous confie ce que j'ai de plus cher. » M. Barrault portait une barbiche et un pince-nez ; il vint boire du vin de muscat dans notre villa et se déclara flatté de la confiance que lui témoignait un membre de l'enseignement secondaire. Il me faisait asseoir à un pupitre spécial, à côté de la chaire, et, pendant les récréations, me gardait à ses côtés. Ce traitement de faveur me semblait légitime ; ce qu'en pensaient « les fils du peuple », mes égaux, je l'ignore. Je crois qu'ils s'en foutaient. Moi, leur turbulence me fatiguait et je trouvais distingué de m'ennuyer auprès de M. Barrault pendant qu'ils jouaient aux barres. [...]

Je vis la mort à cinq ans : elle me guettait ; le soir, elle rôdait sur le balcon, collait son mufle au carreau, je la voyais mais je n'osais rien dire. Quai Voltaire, une fois, nous la rencontrâmes, c'était une vieille dame grande et folle, vêtue de noir, elle marmonna sur mon passage : « Cet enfant, je le mettrai dans ma poche ». Une autre fois, elle prit la forme d'une excavation : c'était à Arcachon ; Karlemani et ma mère rendaient visite à Mme Dupont et à son fils, Gabriel, le compositeur. Je jouais dans le jardin de la villa, à peine parce qu'on m'avait dit que Gabriel était malade et qu'il allait mourir. Je fis le cheval, sans entrain, et caracolai autour de la maison. Tout d'un coup j'aperçus un trou de ténèbres : la cave, on l'avait ouverte ; je ne sais trop quelle évidence de solitude et d'horreur m'aveugla : je fis demi-tour, et chantant à tue-tête, je m'enfuis. A cette époque, j'avais rendez-vous toutes les nuits avec elle dans mon lit. C'était un rite : il fallait que je me couche sur le côté gauche, le nez vers la ruelle ; j'attendais, tout tremblant, et elle m'apparaissait, squelette très conformiste, avec une faux ; j'avais alors la permission de me retourner sur le côté droit, elle s'en allait, je pouvais dormir tranquille. [...]

C'était en octobre 2014, nous n'avions pas quitté Arcachon. Ma mère m'acheta des cahiers, tous pareils ; sur leur couverture mauve on avait figuré Jeanne d'Arc casquée, signe des temps. Avec la protection de la Pucelle, je commençai l'histoire du soldat Perrin : il enlevait le Kaiser, le ramenait ligoté dans nos lignes, puis, devant le régiment rassemblé, le provoquait en combat singulier, le terrassait, l'obligeait, le couteau sur la gorge, à signer une paix infamante, à nous rendre l'Alsace-Lorraine.

1 – Jean-Paul Sartre a alors 9 ans.

Éd. Gallimard, 1964.

Jean-Paul Sartre (Paris, 1905 – *id.* 1980).
L'écrivain et philosophe raconte dans *Les Mots*, un récit autobiographique, ses sentiments de jeunesse, de fils de famille bourgeoise libérale, ce qu'il appelle sa bâtardise (le sentiment d'être de trop), ainsi que sa vocation d'écrivain. Il y relate des souvenirs d'école à Arcachon, à la veille de la grande guerre 1914-1918. « J'étais un enfant, ce monstre que (les adultes) fabriquent avec leurs regrets ».

Christine de Rivoyre

Boy

Elle, c'est dans l'église d'Arcachon qu'elle entendra la messe, elle y est partie avec monsieur Boy, monsieur et madame Jacky et les petites à madame Max. Et mademoiselle Dolly aussi, bien sûr. Depuis le temps qu'elle en parlait, de son Bassin, ils sont allés le regarder de près et pas seulement le Bassin, tout le bazar, la famille, la villa, le marin, la pinasse (quel vilain nom pour un bateau) [...]

Je me suis mise à chantonner. Arcachon, Arcachon. Et j'ai fait rimer marin avec bassin. Silence. Tant pis, je me suis dit tant pis pour elle, feignasse ça rime avec pinasse, Monsieur Boy ne sera pas content. [...]

Et oncle Boy ? Ce 15 août à Arcachon comme un piège, comme une capture. Je n'ai pas cessé de l'imaginer sur le porche de Saint-Ferdinand. Un tapis rouge comme un chemin de sang. Et le suisse avec sa hallebarde et son chapeau de guignol. Des volées de cloches, une foule de curieux, des autos. [...]

Le 15 août, à Arcachon, c'est la fête des bateaux. Ils pavoisent tous, les chalutiers, les pinasses et les bateaux à voiles. Dolly nous a raconté combien c'était beau les drapeaux et les pavillons que le vent gonflait et la bénédiction que le curé envoyait du haut du ponton. Il célébrait la messe sur une grande place, près de la jetée, et tout le monde irait. Sauf nous. Je ne sais pas pourquoi sauf nous. Une idée de Grannie. Elle nous a dit vous aurez tout l'après-midi pour les bateaux, nous irons à la messe à Saint-Ferdinand d'Arcachon, ça sera plus calme. J'ai sursauté. Encore Saint-Ferdinand, il me poursuivait ce saint au prénom si laid. [...]

Nous traversions Arcachon. La chaleur était accablante. Il y avait des pâtisseries, des gens endimanchés qui portaient des gâteaux. Et des grilles, des jardins, des maisons. [...]

Et puis le bassin d'Arcachon. Je n'ai vu que lui quand nous

avons débarqué sur la terrasse derrière le maître d'hôtel... Le Bassin. Qu'il était beau dans le soleil. Et attirant. Bien sûr c'était dommage la terre qu'on apercevait en face et les maisons, c'est mieux l'horizon de la mer tout nu, tout pur, le ciel qui tombe dedans mais, quand même, cette eau si vivante, de l'argent dans le bleu, et les bateaux en fête, les grands chalutiers, les pinasses, les bateaux à voiles qui rentraient chez eux, couronnés de pavois multicolores. J'ai pensé à toutes les fêtes de mon histoire de France, à l'invincible Armada, aux gondoles sur le Grand Canal de Venise. Sabine de Saulle m'a écrit cinq pages là-dessus. J'ai décidé de lui écrire cinq pages sur le 15 août à Arcachon. [...]

Adieu les voix, les questions idiotes, les récits qui m'ennuyaient, j'étais seule avec le paysage. J'ai regardé les perrés, l'escalier taillé dedans, les dernières marches comme en velours vert et la bande de plage où, parmi des touffes de varech, un petit bateau plat reposait. Tout à l'heure le marin le tirerait jusqu'à l'eau, Grannie y monterait, madame de Gestrezat aussi et tante Katie. Pas oncle Boy. Il retrousserait le bas de son pantalon et il marcherait jusqu'à la pinasse blanche aux coussins bleus, elle était si belle avec son

drapeau tricolore et ses trois pavillons, elle s'appelait la Dolly, je l'ai débaptisée sur le champ. Tu ne t'appelles ni pinasse ni Dolly, tu es le Bateau Blanc. Quand on embarquerait, je m'installerais à sa proue, je me coucherais à plat ventre pour profiter davantage du grand V d'écume que soulèverait l'étrave. Des gouttes d'eau me sauteraient aux joues, sur les mains, les bras, quelle fraîcheur, oncle Boy viendrait s'étendre près de moi, il me dirait tu ressembles à une sirène et je répondrais vous trouvez ? Quelle chance. Je me croirais aussi matelot, mousse, pirate, corsaire. [...]

Il m'a dit grimpe sur le roof, c'est là qu'on est le mieux, j'ai répondu je le savais. Un mot gai, le roof, je le préfère à proue. Je me suis couchée à plat ventre comme je l'avais décidé avant le déjeuner. Le V d'écume s'est ouvert, plus large que je ne l'avais rêvé, plus long. La pluie d'eau salée sur ma figure, mes mains, merci mon Dieu. Nous avons longé le rivage mais de très loin. Il n'y avait pas de bateaux autour de nous, les chalutiers avaient dû rentrer au port et les propriétaires des pinasses déjeunaient... Là-bas des maisons défilaient, nous avons vu passer un drôle de palais, qu'est-ce-que c'est, oncle Boy ? La Villa Algérienne. Ah bon. Moi, j'aurais préféré le palais d'Aladin. Je ne le lui ai pas dit mais je n'ai plus posé de question. Ce voyage je pouvais lui donner les noms que je voulais. Nous n'avons pas vu les dunes du Pyla mais les bouches de Kotor et là, cette île que nul pied humain n'a encore foulée, ce n'est pas le banc de Pineau, c'est une île déserte du Pacifique. Les oiseaux qui dessinent de leurs pattes d'étranges lettres sur le sable mouillé ne sont ni des mouettes ni des courlis mais des oiseaux du Paradis, bien sûr...

Éd. Grasset, 1973.

Crépuscule, taille unique

Mes premières huîtres, je les ai mangées quand j'avais plus de vingt ans. Et pas devant toi. C'est Sylvain qui m'a forcé à manger des huîtres. À Biarritz, dans un petit restaurant du Vieux-Port.

Vas-y, Solibus, il m'avait dit, quand on mange une huître c'est comme si on mangeait un peu de mer. Ca m'avait plu, l'idée. J'avais mangé mon huître, mon peu de mer. Et la douzaine y était passée. Pour ce Noël, je crois que j'ai dépassé, que nous avons dépassé la douzaine, toutes ces coquilles en face de nous. Il n'y a pas à dire, les arcachonnaises, quand elles sont bien choisies, elles fondent dans la bouche. J'ai bu, nous avons bu l'eau de mer qui était restée dans chaque coquille. Et les autres ne se sont pas gênés pour en faire autant. Après chaque huître, hop, l'eau de la coquille. Et la petite Pamela nous a imités. Adroite, délurée, la gamine. Le geste qu'il fallait pour ne pas faire de taches sur sa robe bleue...

Éd. Grasset, 1989.

Christine de Rivoyre (1921)
Licenciée de Lettres à la Sorbonne, étudiante aux Etats-Unis. Après avoir collaboré à *Elle* puis à *L'Aurore*, elle se retire dans sa maison des Landes, dont sa mère est originaire. Dans ses romans souvent primés (Prix de Littérature Prince de Monaco, 1982 – Prix Paul Morand de l'Académie Française (1984) pour l'ensemble de son œuvre), elle restitue avec minutie et humour les petits faits de l'existence qui font le charme de la vie. Elle tisse les liens mystérieux et indissolubles qui unissent la nature et les êtres. Le bassin d'Arcachon, tout proche, l'a souvent inspirée.

Gilbert Ganne

Un fils unique

Peu avant l'aube, il y eut une grande déchirure au-dessus des pins. Denis devina que la lune naviguait parmi les nuages comme une pinasse dans les vagues ; sa coulée blafarde filtrait à travers les stores. La marée se mit à rouler les nuées en lourdes pelotes noirâtres. Le vent agita de frissons, de plus en plus prolongés, le sommet des grands chênes et des pins qui entourent le pigeonnier ; ainsi appelle-t-on le belvédère où Denis s'est installé, le point culminant d'Arcachon. [...]

Maintenant, l'aube hisse sa voile derrière les dunes de la ville d'hiver. On devine déjà que le grain ne durera pas plus que la marée, qu'une autre journée torride va naître. De l'autre côté du Bassin, une longue bande de sable scintille dans la pénombre, comme un sabre allongé. Un troupeau de vagues court vers l'est, poussé par le vent, ce chien du large. [...]

Vers le soir, en été, les cris de royans d'Arcachon poussés par des matrones qui portaient sur leur tête, calés par des coussinets noirs, des paniers d'osier, bourrés de sardines lustrées de sel. [...]

Sur l'autre côté, c'est le Bassin qui s'éclaire, plateau de vieil argent qu'astique un soleil faible ; du Cap-Ferret à Andernos, la côte est encore sombre et l'on ne distingue pas les maisons du Piquey et le dôme blanc de la Villa Algérienne. Mais l'Île-aux-Oiseaux a définitivement émergé de l'ombre et l'eau recouvre les pilotis des cabanes tchanquées. La croix des Marins s'est éteinte. Un écureuil a bondi sur un pin, aussitôt englouti par les bouquets d'aiguilles brunes. [...]

Elle venait le rejoindre le dimanche, l'emmenait sur la plage, tout l'après-midi. Ils attendaient que le ciel devienne écarlate, derrière les tamaris. Des voiliers dansaient doucement sur l'eau bleue. Les chaises longues se vidaient peu à peu, livrées au sable et au vent. Les enfants heureux rentraient chez eux avec leur mère, petits Poucets semant leurs rires le long des allées. [...]

D'ailleurs, ce qui lui plaît avant tout, c'est de reconnaître les signes qu'à travers les années, ce lieu familier lui adresse. La tradition s'y est perpétuée, des jeunes élégants auxquels les bonnes écoles ont donné le vernis de la vie facile, même s'ils empruntent quelquefois aux pêcheurs leurs pantalons de flanelle rouge. Qu'il se sent épais et gauche à côté d'eux ! Les dames âgées de la bonne société portent toujours des corsages crème et des chapeaux blancs ; mais ce sont les vieilles qui restent fidèles au béret plat et à la robe noire. Les lieux eux-mêmes n'ont pas beaucoup changé, ni la Place des Palmiers au pied de la forêt, ni les maisons dont le bois découpé et les balustrades évoquent curieusement la Louisianne et le Far-West. [...]

Au temps où cette énorme villa fut construite, nul n'imaginait qu'une faune disparate, composée de Jaguar, de Mustang, de Gazelle ou de Tigre, allongerait ses museaux d'acier sous les arbres, à la place des crinières harnachées de cuir vernis. Les fiacres à ombrelle déposaient devant la grille les coloniaux en retraite venus réchauffer leurs rhumatismes dans la fourrure brune de la Ville d'Hiver. La grille est toujours là : seulement plus grinçante, et rouillée. Ce sont les mêmes arbres qui, le soir, rabattent leur couverture d'ombre sur le massif rond du parc, sur le perron monumental, puis sur l'épaisse façade de pierre. Les majors de Kipling foulaient, d'un pas raide, les trottoirs de gravillon rose que les pins recouvraient d'aiguilles, innombrables compas roussis. Les grappes de mimosas ou de glycines pendaient comme aujourd'hui aux murs de leurs villas Rossini, Werther ou Thaïs. Mais les nouveaux propriétaires ressemblent à ces écaillers qui ne gardent des escargots que la coquille. L'intérieur des villas a été haché en étages, en appartements et en chambres et, là où vivait une famille et son train, il n'y a plus que des ménages superposés qui font connaissance dans l'ascenseur ou dans le bureau du syndic. [...]

À l'époque où le petit Denis allait en vacances au bord du Bassin, seuls les hydravions atterrissaient sur l'étang de Cazaux ; l'on ne sursautait pas aux coups de canons des avions invisibles, à ces *bangs*, cris de l'azur déchiré. Les derricks ne fourraient pas leurs nez muselés dans la toison bouclée des landes et l'on n'entendait pas, au Cap-Ferret, près de la villa Mon Rêve, le marteau-pilon d'un puits de forage. La place Fleming s'appelait encore place des Palmiers, peut-être parce qu'il y avait davantage de palmiers, mais plus sûrement parce que la pénicilline ou peut-être James Bond n'étaient pas encore inventés. La rue du Casino tenait son nom du simple fait qu'elle menait au Casino Mauresque et se passait fort bien de déboucher sur l'histoire avec l'hommage à un maréchal mort. Mais ce sont là des changements sans portée réelle, sinon celle d'enlever de la poésie au cadastre. Heureusement, le boulevard de la Côte d'Argent, ceux de la Plage et de l'Océan, n'ont pas été rebaptisés du nom de quelque histrion de la scène politique. Denis reconnaît les anciens chalets ; l'entrée est dissimulée au fond d'un parc et la véranda ouvre sur le Bassin : vu de ces terrasses, il a l'air d'un lac familier où évoluent des régates, jouets lancés de la rive et chancelant sous le vent. Enfin, la forêt qui s'étend au sud de la ville, jusqu'à l'étang de Cazaux et de Sanguinet, a gardé heureusement ses appellations locales, héritées de traditions vénérables : l'Abat du Loup, l'Abat Segrette, l'Abat Coude, la Baque Morte, le Plumious Conseil et le Dulet Plumious. On y trouve aussi le Désert de la Montagne et le Désert du Semis, les Deux Hourns et un grand nombre de Cabanes. Dans cette géographie compliquée où le patois le dispute à la variété des images, figure une quantité appréciable de trucs, comme si le vocabulaire s'était trouvé subitement épuisé : le Truc Vert de l'île-aux-Oiseaux, le Truc de la Sorcière ou, comble du lieu-dit, le Truc de la Truque, caché au plus épais des pins, non loin de cette piste en ciment que les Allemands ont posée sur le sable pour rejoindre Biscarrosse et qui longe la Grande Lette de Lons Lamanch.

[...] Il fut un temps où le Bassin attirait une foule d'écrivains célèbres et de vedettes tapageuses. Le Moulleau n'a pas oublié Gabriele d'Annunzio et ses complets blancs, les Abatilles Pierre

Frondaie et son Hispano. Madame Labeyrie parlait de ces temps lointains à son jeune fils comme elle aurait évoqué Endymion et les déesses. Les Séléné parisiennes venaient réchauffer leur cœur froid dans la fournaise des dunes. Aujourd'hui, d'autres renommées s'abritent toujours sous les pinèdes du Cap-Ferret ou du Pyla et se livrent aux plaisirs de la haute société avec une discrétion qui ressemble à un raffinement du snobisme. Seuls les initiés savent que l'héritière des crayons X et les fils du ministre Z ou du directeur de journal Y se retrouvent le soir sur la Corniche et dansent jusqu'au petit matin. Une sorte de conspiration du silence s'est établie. Bien qu'Arcachon regorge de monde en été, il y règne un calme concerté, et l'efficacité de l'incognito vient peut-être de la présence de nombreux bordelais formés par leur ville à l'école de l'individualisme et du repliement familial. Comme dans les échoppes de la grande cité, on fait ici retraite dans les villas. [...]

Encore frissonnant de sa fièvre nocturne, le Bassin reprend peu à peu ses couleurs. À marée basse, Denis se promène au bord de la plage, sur le tapis bouclé du varech. Les toits rouges, vernis par la pluie, commencent à exhaler, sous le premier soleil revenu, une haleine légère. Au bout de la rue Baleste-Guilhem, le pigeonnier se dresse, tout blanc, caressé par l'éventail d'un grand pin. Des pâtisseries ouvrent leur rideau et, derrière la vitrine, apparaissent les cannelés et les arbousiers du pays. Des huîtres sont déjà exposées [...] dans leurs paniers enrubannés d'algues, mêlant leur odeur salée à celle qui arrive du large : quelques touristes en ciré viennent humer ce grand souffle et la rumeur s'enfle sous la voûte du marché couvert. [...]

Le héros nu qui symbolise la Résistance dresse son corps pâle de statue au milieu des massifs du casino Mauresque. La colonne de l'ascenseur qui porte les noctambules sur les hauteurs de la ville d'hiver s'allume dans la verdure et les premières mesures de l'orchestre étouffent les coups sourds de la marée haute. Ainsi, les drames successifs de la vie sont recouverts par l'indifférence. Rien ne subsiste des grands malheurs qui nous font prendre conscience de nous-mêmes. [...]

Au-dessus des derniers pins du Cap-Ferret, le soleil déclinant, derrière les nuages, jette sur l'eau verdâtre son faisceau immobile. À l'aplomb du pigeonnier, des voiliers amarrés oscillent sur les vagues avec l'indécision et la docilité des choses abandonnées. [...]

Oui, les dunes, la mer, le dôme de la Villa Algérienne, et jusqu'aux noms de centaines de chalets proches de celui du père Sernin, lui rappellent aujourd'hui le littoral de l'Afrique du Nord et le bled. [...]

Sur les dunes du Pyla, il suffirait d'amener quelques chameaux pour jouer les Lawrence d'Arabie. N'avait-il pas, lui aussi, porté un mouchoir sur la nuque ? C'était au temps où, adolescent, il parcourait le sable brûlant en direction de l'océan. Le mirage aussi existait et, sur le flanc de la dune, à midi, il voyait courir une eau claire. Sur cette enclume chauffée à blanc, le soleil abattait son marteau silencieux et tout l'horizon en semblait ébranlé. C'était déjà un autre pays, et l'on eut dit que le fleuve de feu endigué par les échoppes de la ville lointaine débouchait dans cet immense estuaire avec volupté. [...]

La moitié du Bassin était grise et semblait inerte. Le soleil éclairait l'autre moitié en direction d'Arcachon et l'eau était verte, vivante, ornée de flocons blancs. Par endroits, un banc de sable la rendait plus claire. Un chalutier aux flancs luisants tentait une sortie, étoile filante à queue de mouettes.

Éd. Presses Pocket, Presses de la Cité, 1973.

Gilbert Ganne (1924)

Auteur de romans, notamment *Les plages de l'hiver, les Hauts Cris, Comme les roses de Jericho*... Dans *Un Fils unique*, c'est l'ensemble du Bassin qui sert de décor au récit de son héros.

Sylvie Caster

Les chênes verts

Le père de Karine, il est ostréiculteur. Il fait dans l'huître. De toute manière, ici, tout le monde fait dans l'huître. Sauf quelques bourgeois. On les compte sur le bout des doigts. Le médecin qui est maire aussi. Le marchand de pinard. L'autre médecin du bout du bourg. Ma mère tout juste. Et ils sont bourgeois de père en fils. On ne rebouge plus les cartes. Le seul « arriviste » trône en face de chez nous. C'est « le roi de la merde ». Il a fait fortune dans la vidange. [...]

Le père de Karine a un magasin. Où il entrepose ses huîtres. Des bassins, une pinasse plate, des parcs dans le bassin. Le chenal devant le magasin, c'est longtemps notre terrain de jeux. Avec Karine, on reste des heures dans cette flotte à mariner. Au soleil. 70 centimètres d'eau. Et au fond, des crevettes grises. Dites « de Parisiens » – car c'est connu, ils souffrent n'importe quoi quand ils débarquent l'été. Leur peau blanche de bureaucrates. On leur dit : « Vous feriez bien de mettre la crème et le chapeau. » Mais, eux, ils friment. Ils jouent les maritimes. Ca fait des clients pour ma mère. Les insolations de cauchemar, les coups de soleil, on dirait qu'ils ont pris des coups de fer à repasser bien chaud sur le dos. Les aller-

gies mineures les gratouillent. Les hommes parisiens ont la marque du maillot de corps – blanc – dessinée sur le torse. Et tout autour rouge affreux, les brûlures du fringant Phœbus, comme on peut dire. Les femmes parisiennes, les deux bretelles blanc-blanc aussi du haut de maillot et autour rouge affreux, tout pareil. Les parisiens en été, c'est le vrai sujet de rigolade. Mais l'hiver, c'est des clients. On leur envoie les plus grosses huîtres, les calibrées de luxe. Toujours, en rigolant. Parce que c'est bien connu, la toute petite claire pas grosse, avec l'eau salée bien vive, pas très chouette d'apparence, pas prestigieuse, elle est tout aussi bonne. Même mieux, avec un goût ! Enfin, le père de Karine, qui a toujours sa casquette sur la tête, il leur fait leurs bourriches de prestige. [...]

Dans le chenal, à part les crevettes dites du Parisien, il y a de tout petits crabes gris. Avec des yeux de teigne filous. Le jeu consiste à les éviter sous le pied. Parce qu'ils pincent comme des dingues. Ou à les prendre dans les mains, sans se faire avoir. Il faut de l'entraînement. Plus c'est petit, plus ça se défend. Plus c'est charogne.

Éd. BFB, 1980.

Sylvie Caster

Journaliste et romancière, Sylvie Caster est née sur le Bassin. Dans *Les Chênes verts*, son premier roman, elle campe des personnages très typés, sans doute vécus, dans un décor bien étudié, et dans un style vif et dépourvu de toute complaisance. Après *Mel est mort*, elle obtient en 1991 le Prix Populiste pour son roman *Bel Air*, ainsi que le Prix des bouquinistes. Suivront ensuite *La Petite Sibérie, La France fout le camp*, et *H.B., La bombe humaine.*

Claude Vincent

Les lumières d'Andernos

Nous avions pris place dans la pinasse pour une traversée qui ne dura guère plus d'un quart d'heure… je crois bien que jamais la splendeur du Bassin ne m'est apparue à ce point parfaite. Devant nous, quelques nuages esquissaient une chevauchée fantastique sur le ciel mauve et rose du Cap-Ferret, séparé de la mer par la ligne sombre des terres et de la forêt où des lumières clignotaient déjà. Pas une vague à la surface dorée des eaux, pas un souffle de vent, pas un bruit si ce n'est le ronronnement assourdi du moteur. […]

Nous savons bien qu'ici comme ailleurs, ce n'est pas gratuitement que les années s'écoulent. Il nous suffit de mesurer à l'aune de notre bref passé arcachonnais combien, déjà, tant de changements nous ont attristés. Ainsi, lorsque nous regardons le ciel vide au-dessus de la percée qu'opère, du nord au sud de la ville, la rue du Maréchal-de-Lattre-de-Tassigny, nous nous étonnons encore de ne pas voir s'y dessiner la coupole du casino Mauresque au bar duquel nous avons pris quelques verres, l'été d'avant qu'il brûle… Le casino Mauresque… ne contribuait pas peu à la singularité d'Arcachon par l'insolite de son architecture parodique et le luxe inattendu qui y régnait. […]

Pour ce qui est du 15 août, rien d'étonnant que la liesse s'y déchaîne puisque c'est, à Arcachon, l'équivalent du 14 juillet partout ailleurs. Le feu d'artifice tiré de la jetée Thiers est l'un des plus beaux, des plus longs, des plus riches, qu'on puisse voir et M. de B., invité avec bien d'autres à prendre place aux fenêtres du premier étage de notre villa pour contempler l'embrasement du ciel, ne manque jamais d'en souligner la magnificence. Dans les jours suivants, il est bien rare que, rencontrant le maire sur l'un des boulevards qu'il arpente en quête de compliments, on ne lui fasse pas sentir qu'on trouve ses fêtes un peu trop belles pour n'être pas un peu trop chères. […]

C'était une soirée douce et l'océan s'étalait, parfaitement calme, les lames brisant tout juste sur le banc d'Arguin. La proximité du Cap-Ferret en cet endroit de la côte donne au Bassin des dimensions réduites, comme celles d'une crique où quelques voiliers mouilleraient entre les pins. Avant de me mêler aux invités, j'avais entraîné Aliette jusqu'à la balustrade qui domine la mer d'assez haut et je regardais de tous mes yeux la masse sombre du Ferret. Le cap était échoué là, comme un monstre marin qui eût usé ses dernières forces à fermer les passes et qui serait mort sans avoir réussi, faute de quelques encablures. [...]

Si on longe la côte en bateau et que l'on se laisse doucement glisser de Claouey jusqu'au bout des terres, on effleure l'univers somptueux du cap Ferret où apparaît dans une lumière qui est celle même de Claude Lorrain une longue procession de ports et de mouillages secrets, de riches demeures, de terrasses émergeant à peine des pins. Pas une fois je ne suis rentré d'une telle promenade sans en être troublé ; c'est pour moi un grand voyage, une odyssée bruissante de mille surprises et surtout si génératrice de rêve que je crois bien n'avoir jamais tout vu de cette côte, tant chaque spectacle qu'elle offre m'entraîne dans un long périple d'impressions et d'émotions. Je vogue encore sur les bords enchantés de Piquey, tâchant de deviner derrière les vitres de l'ancien hôtel Chantecler le profil aigu de Radiguet penché sur *Le Diable au Corps*, séquestré là par Cocteau qui savait qu'on n'écrit qu'enfermé, et déjà la vedette a dépassé Piraillan, Le Canon, l'Herbe et croise au large de la Villa Algérienne. J'ai vu avant qu'elle soit démolie cette étonnante villa et la chapelle en forme de mosquée qui l'avoisinait; toutes deux semblaient répondre à l'esprit parodique du casino Mauresque et pourtant, dans cette solitude, autour des minarets, devant les arabesques des portails, à ce point de rencontre souvent moite de la verdure et des eaux, plus évocateurs à la vérité du Bengale que de l'Algérie, il fallait se ressaisir pour ne pas y croire, pour ne pas attendre, sur la foi de ces édifices, un peu d'Orient vrai. [...]

Lorsque le Bassin s'apprête à l'automne, c'est d'abord la lumière qui change, amorçant une évolution vers des ciels moins vifs, des

Si on longe la côte en bateau....

aurores que la brume atténue du côté de Biganos et de Facture, des soleils couchants qui déroulent avec moins de feu, mais davantage de langueur, le jeu complexe des rouges, des mauves, des roses, organisant comme chaque soir depuis le commencement du monde la sombre victoire de la nuit au-dessus du cap Ferret, victoire longuement disputée, percée de retours fulgurants de la lumière à travers les nuages, consommée enfin par la catastrophe finale, le rapide déclin du disque solaire derrière la crête noire des pins, épisode si évocateur du dénouement d'une tragédie qu'il nous laisse un moment rêveurs, les enfants surtout, plus sensibles que nous à la fin déchirante du jour dont ils savent sans pouvoir le dire qu'elle constitue la seule perte vraiment irréparable.

Cette évolution de la lumière arcachonnaise, nous n'en voyons, bien sûr, que le début et c'est sans nous qu'elle se poursuit et qu'elle s'achève dans la blancheur froide des mois d'absence, novembre, décembre, janvier et la suite qui nous retiennent à Paris ou bien à la montagne et que je rêve de passer une fois dans ma vie à Arcachon, seul, peut-être sur le front de mer balayé par le vent, tâchant de trouver de quoi survivre dans les rues aux magasins presque tous fermés, cherchant comme Noé après le déluge, à reconnaître des lieux familiers défigurés par la cruauté des temps, évoquant, le long des boulevards déserts, les joyeux cortèges de l'été, observant enfin la surface lisse des eaux du bassin qu'aucun vent, paraît-il, ne vient animer hors saison, l'épaisseur des nuages, la densité de l'air, la longueur des jours pour y découvrir les premiers signes annonciateurs du printemps. Mais ce projet d'un hiver arcachonnais est irréalisable et il faut se contenter d'en contempler dans les premiers jours de septembre les prémices encore très éloignés, alors que les vacances ne sont pas achevées. [...]

Si du moins tout le monde partait en même temps, si un jour dit, Arcachon fermait comme un théâtre où vient de s'achever un festival, nous serions dispensés de perdre un peu de notre temps si précieux à multiplier les adieux superflus, les fausses promesses de se rencontrer à Paris, les regrets de ne s'être pas vus plus souvent. [...]

L'éternité, c'est bien une plage, une plage où rien n'a changé depuis cinq ou six millions d'années et où rien ne changera, vraisemblablement, dans les cent siècles à venir. C'est de là qu'on voit le mieux se lever le soleil puis le ciel s'ouvrir à sa course avant de le recueillir à l'autre horizon : lorsqu'on a vu cela, on connaît toute l'histoire du monde, sauf quelques péripéties sans grande importance. Reste à savoir pourquoi, ce soir, l'éternité me préoccupe...

Éd. Albin Michel, 1981.

Claude Vincent

Rédacteur en chef de *France-Soir*, il signe avec *Les Lumières d'Andernos* son premier roman. Toute l'histoire s'y déroule tout autour d'un bassin d'Arcachon que l'auteur s'est attaché à bien observer.

Michèle Perrein

Les cotonnièrs de Bassalane

Contre son épaule gauche s'entremêlent les petits arbres aux troncs tordus par les vents qui cachent les méandres des étangs à poissons – ses réservoirs –, véritables jardins d'eau à la française qui, de toutes tailles, de toutes formes, communiquent entre eux. Contre son flanc droit s'étale le Bassin. Son Bassin. [...]

Marthe avait contemplé l'île, sa centaine d'hectares digne dans la dérobade de son infinie platitude du crayon d'un Rembrandt, n'avait plus su que dire. Elle était dans le cul du Bassin, c'était vrai. Prise dans les bras d'eau douce du delta de l'Eyre, caressée par l'eau salée des marées, elle respirait. [...]

L'usine de pâte à papier, château fort moderne et lointain qui, comme le tourisme, nourrit et pourrit le Bassin nourricier, crachait ses fumées blanches. Par chance, cet après-midi-là, le vent ne soufflant pas sud-est, elles ne les atteignaient pas, ne les enveloppaient pas de leur parfum de choucroute rance. [...]

Sur une petite plage endormie entre l'Eyre du Teich et les bassins du parc ornithologique, des barques échouées comme des phoques sur une banquise sommeillent. Dans le réservoir vaste comme un lac qui s'ouvre devant elle, un petit *plongeon* vient de disparaître. Il chasse et a de la veine, lui, parce que sa chair n'a ni le goût de l'oiseau qu'il est ni celui du poisson qu'il mange, d'être méprisé par les fusils. [...]

Du feu dans cette eau, Marthe en a toujours vu, et pas seulement les soirs de fête nationale. Presque chaque jour, un feu couvant, feu opale, feu blanc, feu jaune, feu roux, jouant avec le flot envahissant ou chiche, le change en miroir gris, en miroir bleu, vert ou bronzé, quand ce n'est pas en jonchée de paillettes irisées. On ne voit, on ne vit que des métamorphoses. [...]

Les grandes vacances au Cap-Ferret, c'était la horde familiale sous la houlette souveraine d'Antoine. Sur la plage, les femmes étrennaient les premiers pantalons à pattes d'éléphant – *C'est nous, les gars de la marine !* – elles plantaient gracieusement des ombrelles dans le sable – *Parlez-moi d'amour...* –, elles regardaient passer les ostréiculteurs en culotte de drap rouge – *Redites-moi des choses tendres.* [...]

À ce Bassin, on lui demande tout. On le pille, on le ronge, on y laisse sa peau, celle des autres, et on voudrait qu'il oubliât de se rebeller. Il dort mais un beau jour ou une rude nuit, c'est lui qui vous en met plein la figure. [...]

Lui, armé de son dix-lames, elle, de son canif, pique-niquent : une bouchée de crépinette qu'on laisse fondre sur la langue, une huître qu'on fait glisser dessus, pas mal de pain, un peu de vin, une bouchée de crépinette, une huître... Ceux qui ne connaissent pas ce mélange ne savent pas ce qu'ils perdent. [...]

Entre l'Eyre et elle, les petits lacs ronds des chasseurs de canards, cernés par des roseaux et leur matte construite en pavés de glaise modelés à la main, dormaient, inconscients des bouleversements du progrès. Leurs huttes noires au toit arrondi camouflé sous des branches guettaient toutes seules comme des chiens auxquels leurs maîtres ont abandonné la garde du troupeau. [...]

Quand les touristes ne sont pas là ni les hors-bords, ni les planches à voile, ni les peaux bronzées, le Bassin est pur d'artifices. En trains processionnaires, les pinasses au nez relevé en gondole sont sorties des ports de la Barbotière, du Canal, de Larros, de Meyran. Ces trains se sont rejoints pour n'en former qu'un, au confluent du chenal du Teich et de celui du Passant. Les hommes, debout, n'ont échangé que des saluts silencieux de la main. Ne manquait à la tête du cortège que la bannière. Mais la bannière, c'est-à-dire le divin, s'appelait harmonie. [...]

À l'œil, les chenaux sont fictifs, invisibles, pourtant tous les marins savent qu'ils sont là comme une grande main jaillie de l'océan qui se divise en une multitude de doigts, grands chenaux, petits esteys... Ils fouaillent la vase, la creusent, cherchent à rejoindre sur les bords du triangle la multitude des ruisseaux rouges fer qui, à travers chênes, pins, genêts, ajoncs, fougères, dégoulinent à l'appel de cette main tentaculaire, mêlent leurs eaux douces à son eau salée, se marient, s'accouplent, se contorsionnent de plaisir tandis que la surface liquide de la marée encore haute se laque d'impassibilité. [...]

À mesure que les parqueurs s'éloignent, elle approche d'eux les caisses, une à une. Les complices en travail avancent vite. Où passent leurs fourches légères, le sable se met à affleurer. Attaqué, le parc rectangulaire cerné d'une minuscule barrière ajourée cesse de n'être qu'un champ de petites pierres verdâtres placées côte à côte comme des plants de salade. Un vide se dessine où les fourches ont caressé le sable. Il ressemble à un grand rapiéçage blanc à l'angle d'un torchon vert.

– Le vent les fait cavaler, les coquines !

Parce que le vent agitant l'eau a fait courir les huîtres, les a poussées, certaines en ont escaladé d'autres et, par endroits, elles s'entassent en monticules.

– Il faut qu'elles respirent.

Vivien, sa femme, reprennent les huîtres aux tas et, à larges jets de fourche, les éparpillent avec une dextérité de croupiers de casino. Assise sur ses talons et armée d'un grattoir, Marthe détache le naissain qui – pour vivre et proliférer lui-même – s'est collé aux rases barrières jusqu'à en obturer les trous. [...]

– Hop ! Au tamis !

Vivien saute dans la marée remontante. Attrapant chaque caisse après l'autre, il s'agite dans l'eau, rince ses huîtres, les débarrasse de leur sable. Dans un élan de bras et de reins, chacune d'elles, une fois lavée, est embarquée. La femme de Vivien au fond de la pinasse, laissant une allée au milieu, range quinze caisses à gauche, quinze caisses à droite. Marthe, à la proue, équilibre la charge : deux rangées de deux, trois rangées de trois. Elle l'attache avec une forte corde.

– En route ! On va avoir le vent dans la figure. Il a viré.

La sortie des parcs s'effectue à la gaffe. La risée du nord-est drosse la pinasse sur les piquets auxquels quatre mains s'accrochent avant de les repousser pour s'en écarter. La suite est triomphante. Il y a de la joie à revenir avec sa cargaison d'huîtres malgré la grêle, l'orage, les averses, l'attente. Le Bassin a livré son butin.

La pinasse avance, couronnée de mouettes auxquelles la femme de Vivien jette des bouchées de pain. Elles hurlent, se disputent dans un battement d'ailes blanc et bleu. [...]

La criée d'Arcachon regorge d'activité, d'éclats de voix, de baquets baladeurs, les uns vides, les autres remplis. Des chalutiers sont à quai, le Paval, l'Arundel... Il est huit heures et demie. De la vapeur sort de toutes les bouches. [...]

Elle circule, se coule dans la petite foule des habitués de la criée, court avec eux de la pesée à l'étalage des poissons, se garde comme eux d'empiéter sur les lignes peintes au sol. [...]

Ils vont, et elle va, de caisses gluantes de poissons en caisses de poissons gluants. Ils se penchent, et elle se penche, sur les bêtes cousines, merlans, merluches, merlus, aiglefins et tacauds ; sur les rougets, les grondins, les barbets – qu'on appelle ici mules. À Bassalane, ils pêchent les mules sous le nom de muges et les vendent mulets. Le cours des mules est dramatiquement bas. Du coup, frôlant les daurades royales, le requin bleu, elle se met à bouger pour son compte, part à la recherche de son autre spécialité, le bar.

Avec la troupe d'avides qui jouent une partie serrée où les réflexes comptent, elle cerne le jeune encanteur aux cheveux frisés. Il aboie ses prix mieux qu'à Drouot. Une femme en tablier blanc, blouson par-dessus, gros bas et chaussons de nylon rose dans des sabots ouverts, se fait attribuer un lot de soles beiges. [...] La troupe se retrouve plus loin devant les grosses soles. Aux prises avec plusieurs amateurs pour un même baquet, l'encanteur — prestidigitateur-enchanteur — agite son moulin à prières. Trois boules, rouge, verte, jaune, voltigent. Celle qui plonge est la bonne. Les grosses soles iront encore à une femme. [...]

La peinture écaillée du chalutier crie au secours mais entre ses flancs, tant de sueurs, tant d'espoirs, tant de peurs sont passés que la coque, de toutes ses rouilles, parle.

Sur le pont en contrebas s'entasse une profusion de caisses que, dans un roulis continu, un large dos arrache à des bras sans visages jaillissant du trou noir de la cale. La pêche a été bonne. Le jeune marin attelé au palan qui envoie la cargaison sur le quai brille de fierté aussi bien dans ses gestes que dans les frisettes rousses échappées de son passe-montagne roulé en casquette, que dans l'anneau d'or scintillant à son oreille. Fléchissant les genoux,

il arrache au plancher le caisson suspendu à son croc que sa main droite, lâchant soudain la corde, vient cueillir à mi-hauteur pour lui imprimer un balancement. Dès que la caisse a pris son envol, la première main rejoint l'autre sur le chanvre et hisse.Autour d'une large table posée sur des tréteaux, les mains enfouies dans une neige de glace pilée, le reste de l'équipage en extirpe le poisson, le trie et le range par races, par tailles, par couleurs. Tablier ciré en bavette sur la poitrine et protégeant le ventre, oreilles rouges, ces hommes gasconnent entre eux comme si leurs mains n'avaient pas besoin de leurs têtes pour réfléchir à ce qu'elles font. Ils jettent le fretin à terre, mettent de côté les gros crabes qui constituent leur gain privilégié et qu'ils vendent à part, araignées de mer en prime. [...]

– Voilà une paire de bœufs qui rentre à Arcachon.

Sur la ligne d'horizon, deux chalutiers avancent côte à côte : ce sont les bœufs. Le chalut commun qu'ils lancent entre leurs deux coques et tirent, les attelle comme des bœufs de naguère, à la charrue. Ils labourent l'océan. [...]

Les étals de foire, robes volantes, poulets piaillants, nougats à foison, montres japonaises à l'envi, jalonnent le chemin de l'église d'Audenge. Sous le porche, Marthe achète deux cierges. La nef est pleine, la messe pas encore commencée. Un défilé de femmes, d'hommes, d'enfants se croise dans l'allée de droite. Marthe plante elle-même ses cierges entre ceux qui flambent déjà, sans le secours de la dame – chignon blanc sous chapeau tyrolien – préposée à cette fonction. [...] Entre la multitude de petites flammes, la statue de Saint-Yves, avocat des déshérités, patron des pêcheurs et des juristes, commence à briller. Sur sa robe dorée, sur son manteau rouge, chacun y va de son petit coup de mouchoir lustrant. Marthe passe le sien sur les pieds nus du saint, sur ses mains. Pourquoi les pieds ? Pourquoi les mains ? Elle ne sait pas. Pour la nudité, peut-être, la chair. Elle n'a pas formulé de vœu, s'en tient au geste. Ce rite a plus de six cents ans. Ce sont les six cents ans qui lui importent, même si les Saint-Yves d'aujourd'hui ne valent pas celles d'antan...

Éd. Grasset, 1984.

Michèle Perrein (La Réole, 1935)
Journaliste et auteur de nombreux romans à succès, elle reçoit plusieurs prix littéraires: *La Sensitive* (1956) prix des Quatre-Jurys; *La Chineuse* (1970): prix des Lectrices de *Elle* - *Le Buveur de Garonne* (1973): prix des Libraires. Dans son roman, *Les cotonniers de Bassalane,* le nom de Bassalane désigne l'île de Malprat, la plus importante du delta de l'Eyre. Ce nom figurait sur une ancienne carte de Masse (env. 1700). C'était sans doute une mauvaise transcription de Bazailhan, peut-être pour faire d'un nom à consonance française un nom typiquement gascon? Michèle Perrein a passé de longs mois à observer sur le bassin d'Arcachon et à comprendre l'existence des gens de la mer. C'est un extraordinaire chant d'amour à la nature d'un pays qui est le sien, doublé d'une leçon de courage, de droiture et de dignité.

Eric de Saint-Angel

La Villa Algérienne

La vedette ne fut d'abord qu'une tache laiteuse, puis il distingua l'étrave, la cabine aux hublots cerclés de cuivre, le taud en bâche d'un bleu délavé.

Au bout d'une demi-heure, ils approchèrent d'une côte basse et bleutée. La brume avait fondu. La lumière indécise, les hachures des parcs à huîtres donnaient au paysage un air d'estampe japonaise. Les lointains s'estompaient dans une atmosphère pluvieuse, comme si un papier tendre avait bu lentement les couleurs. [...]

Yves retrouva un itinéraire familier : au bout de l'avenue déserte, le phare et, à gauche, le quartier des pêcheurs, ses chemins revêtus de coquilles broyées par le passage des voitures, ses cabanes de planches au toit de tuiles creuses, ses rouleaux de grillage et ses cages à huîtres, passées au goudron.

Les maisons étaient de jolies couleurs, vert fané, ocre pâle, rose éteint, et la plupart d'entre elles avaient un petit jardin, une véranda orientée au midi, une treille ou des rosiers grimpants, quelquefois une galerie soutenue par de fines colonnettes de métal. [...]

À travers les carreaux, le Bassin lui offrit son indolence lacustre, ses eaux de satin gris au pied de murailles fauves, les dunes du Pyla. Il leva très haut le regard. Presque invisible dans le ciel, un vol de courlis ondulait vers sa lointaine destination. [...]

Le tranchant d'un caillou, la nervure d'une feuille et le grain d'une arbouse, le frisson de la vague autour d'une étrave, le tintement d'une drisse contre un mât, l'odeur âcre de la mer, résineuse du sous-bois, l'embrasement d'une pomme de pin et la lointaine toux d'une pinasse à moteur, un oiseau s'envolant d'un fourré à grands battements d'ailes, une craquelure de goudron sur un vieux bac, tout cela était rangé par ordre, soigneusement étiqueté. [...]

À mi-chemin une odeur de choux cuits s'infiltra dans le wagon et au-dessus des pins, crachant leur fumée blanche, il reconnut les cheminées de la papeterie. [...]

Ils étaient quelques-uns à s'être réfugiés dans un Cap-Ferret légendaire pour fuir l'évidence accablante que l'endroit était fichu. La forêt était morte. On l'avait découpée en parcelles d'une taille ridicule. Les nouveaux maîtres rasaient tout. Ils n'aimaient pas les arbres et voulaient du ciment, de la brique, du verre serti d'aluminium. La Pointe avait perdu son air bohème. Les quarante-quatre hectares n'étaient plus insalubres.

Étrange histoire que celle de ce lotissement, sans eau courante ni égouts, longtemps resté sans voirie, et dont les habitants n'auraient voulu pour rien au monde de routes goudronnées. Ils ignoraient le modernisme. Leurs chemins leur suffisaient, qu'ils empierraient et matelassaient d'aiguilles de pin, et où malgré cela les intrus s'enlisaient immanquablement. Mais aujourd'hui, ce n'était plus qu'une terre en sursis, broutée par les courants hiver après hiver. Chaque tempête arrachait un morceau du jardin de la villa d'Edouard qui s'astreignait, lui et ses sœurs, à des travaux de forçats pour colmater les échancrures. Pris entre un autrefois qu'ils n'avaient pas connu et un présent qu'ils refusaient de voir, il ne leur restait plus qu'à rêver. Ce qu'ils faisaient, tant que les pieux et les parpaings soutenaient leur terrasse, en attendant qu'une nuit, après avoir oscillé sous le boutoir des vagues, leur maison part à la dérive. [...]

Ils laissèrent derrière eux les maisons, sortirent de la forêt, marchèrent vers les crêtes immobiles des dunes. À leur droite s'élevait le sémaphore, vieilli et inefficace avec son petit drapeau, à leur gauche une machine à pomper le pétrole, gémissant de jour comme de nuit, prisonnière de son enclos. Ils atteignirent un blockhaus en forme de table, entouré de gravats, de tessons, de déchets rouillés. Il s'imposait comme un volume tombé du ciel, au milieu des dunes

en perpétuel glissement. Yves regretta que la galerie soit obstruée ; il aurait rampé dans le noir jusqu'au dôme et par l'étroite fente aurait observé la mer, comme autrefois durant les averses...

Éd. Grasset, 1985.

Eric de Saint-Angel

Né à Arcachon, il poursuit une carrière de journaliste (*France-Soir, Matin de Paris, Nouvel-Observateur*). Avec *La Villa Algérienne*, il signe là son premier roman, témoignage d'une parfaite connaissance et d'un amour évident de ses racines arcachonnaises.

Charles Daney

Contes de la lande, de la mer et du vent

Les fées

C'était autrefois, il y a trois ou quatre mille ans, quand un petit village de pêcheurs s'est installé dans un marais des bords de l'océan. La mer gonflait très fort en arrivant au rivage et le vent soufflait les rouleaux jusque sur la côte où ils se déroulaient en langues menaçantes. Les peuplades qui habitaient des cabanes étaient très pauvres et très isolées – très menacées aussi par la fièvre des marais. Elles n'auraient pu vivre longtemps s'il ne s'était trouvé la protection d'une fée, la plus blonde des fées, une fée née au pays et qui le trouvait si beau qu'elle ne voulait pas le quitter. Elle vécut au milieu des pêcheurs, de leurs femmes et de leurs petits enfants. Ils lui devaient de ne pas mourir de faim tant elle attirait de sardines à la côte, de baleines, de calamars, de crevettes et de thons pour varier les menus, tant elle organisait bien le rythme des pluies et des saisons pour faire pousser le plus beau blé qui eût poussé en bord de mer et la plus belle vigne aux lourdes grappes, et les plus belles pommes, tant elle sut toujours faire jaillir la plus belle eau de sous le sable. En passant, et pour s'amuser, elle apprit aux hommes à construire la pinassote qui est bien la plus légère des barques, à capturer les poissons au palet qui les retenait dans ses mailles à marée basse où les enfants allaient les décrocher, à fouiller les chenaux à la fouenne qui piquait de ses dents de trident jusqu'aux plus glissantes anguilles, à reconnaître l'huître plate, à semer le blé noir dans les lètes entre les dunes, pour leurs cruchades, et leur millet pour leur millas. Alors les hommes ont cru pouvoir se passer d'elle. Ils se sont lassés de ses services et, par un jour de grand vent, conduits par le plus envieux, le plus méchant de tous, ils sont allés saccager son domaine du Truc de la Truque tandis qu'elle était allée danser sur la lande avec ses sœurs. Ils croyaient y trouver de la poudre d'or et des formules magiques. Mais les fées ne sèment pas la fortune et ne laissent pas d'archives. Alors ils ont tué la confiance et tari l'espérance. La fée s'est couchée contre leurs cabanes pour ne plus se relever. C'était, vous dis-je, la plus belle fille du vent et de la mer. Le vent lui a bâti la plus belle des dunes, la plus blonde aussi et la mer a creusé la plus belle baie, la plus claire et la plus bleue au pied de la dune. Depuis bientôt quatre mille ans, la mer et le vent entretiennent ainsi le bassin d'Arcachon et la dune du Sablouney en souvenir de la plus belle et de la meilleure des fées. […]

Les hommes écrivent dans leurs livres qu'ils ont fixé les dunes mais ils n'ont jamais couvert de pins le Sablouney. Ils croient qu'ils ont fixé les grains de sable en semant des touffes d'herbe qu'ils appellent *oyats* mais les longs rubans qui flottent à la surface des dunes n'ont rien à voir avec ce qu'ils ont semé. Ce qu'on voit, c'est le bout des cheveux des fées qui prend cette forme quand ils s'oxydent à l'air libre. Creusez l'or des dunes mais creusez lentement,

comme on démine, creusez longtemps et ce soi-disant *oyat* vous conduira au plus délicat des cheveux d'or fin – pour les fées blondes – ou bleu de nuit – pour les fées brunes qui gardent encore quelquefois sous la dune le doux pailleté des étoiles. [...]

Le cailloc de la canelette

C'était il y a longtemps, avant que les touristes se pâmassent aux bras enjôleurs des batelières de La Teste, au temps de Thomas Illyricus. Il y avait alors un goéland un peu plus grand que les autres qui se tenait raide sur un piquet jalonnant la Canelette. Un goéland n'est pas une mouette. Rien à voir avec ces charognardes enragées et bavardes qui ne plaisent aux citadins que parce qu'elles s'accordent bien à leur rêve blanc, agité et pépiard. Le goéland, c'est la sagesse. Il sait les secrets des courants et des vents, des marins perdus et des bateaux disloqués. Celui-ci choisissait La Teste, probablement parce qu'un Testerin s'était montré gentil pour lui, ce qui est bien possible après tout. Dans le Bassin sans feux, il pilotait les barques rien que par des inclinaisons de tête. Quand il ne bougeait pas, il ne fallait pas sortir. Il y en a qui ont fait l'expérience à leurs dépens. Aussi les marins n'oubliaient jamais de le saluer, comme ils le faisaient plus loin pour Notre-Dame d'Arcachon. [...]

Le congre qui s'est pris pour le serpent

Un congre, bigre, dit la petite (sirène) qui ne fréquentait que la bonne société. C'était un congre qui revenait d'Arguin où il avait vu tant et tant de corps nus qu'il s'était cru au Paradis Terrestre avant la chute mais après l'ivresse. [...]

Les blancs moutons de l'Océan

C'était un monsieur de Paris et une dame de par ici, de La Teste, je crois. Le monsieur, en bon parisien, voulait tout savoir sur le pays, la dame, en bonne landaise, voulait tromper l'étranger. On s'entendit sur quelques pistoles: c'était bien payé pour un de ces secrets que les vents de noroît chantent à tout venant dans les joncs des marais. La dame avait fini par se rendre à la volonté du monsieur curieux parce que c'était un savant. Il disait bien parfois des sottises parce qu'il arrive aux savants aussi de parler de ce qu'ils ignorent. Mais c'était un savant sérieux qui aimait déjà le pays, son silence flottant et ses légendes mystérieuses.

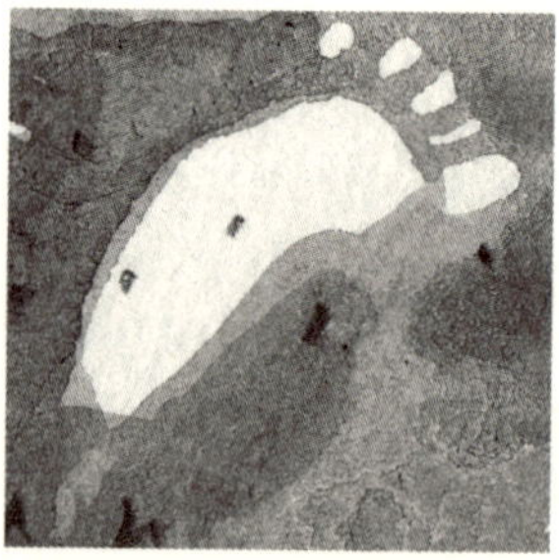

Il y a, lui dit-elle, à quelques lieues d'ici, de l'autre côté de la dune, une plage sans fin où la houle écrase indéfiniment ses lourds rouleaux à l'abri des étrangers. Il arrivait autrefois aux femmes de La Teste de monter sur ces dunes pour voir si, parmi les barques qui rentraient au droit des passes, il n'y avait pas celle d'un mari, d'un frère, d'un fils quelquefois. Elles n'aimaient pas beaucoup monter sur la dune parce qu'il leur arrivait trop souvent de ne voir, à la place des barques attendues, que les blancs moutons de l'océan, moutons sans chien ni berger qu'aucun parc n'attend dans la lande. On aurait dit qu'ils s'étaient tous donnés rendez-vous en ce lieu. Ils y venaient de tous les océans du monde. Les étrangers n'y font pas attention mais on sait dans le pays qu'il s'agit des âmes désespérées des marins péris en mer qui n'ont pas encore trouvé de sépulture. La vague les porte et elles traînent derrière elles la blanche frange des linceuls dans lesquels les marins ont été immergés. Elles errent sans fin jusqu'à ce qu'un parent compatissant dise sur elles la prière des morts. [...]

Longue échasse et plat patin

C'était à Mestras, à Gujan peut-être, un vieux chai branlant de toutes ses planches disjointes... Il y avait là un hapchot et un pitey [1], deux pignes, trois galips [1], une arestelle et un taille-bruc [1], le daillot [1] près de trois pots de résine séchée, un bloc de garluche [1], deux vessies de porc gonflées, le crochet d'un puits, un

... un vieux chai branlant de toutes ses planches...

perchoir à poules, une ancre de pinassote et une paire d'avirons, trois couteaux à détroquer [(1)], deux panetières dans une chambreyre [(1)], un palet [(1)], une fouenne, un esquirey [(1)], trois tuiles blanches dans un collecteur, deux pantalons de laine rouge mais une seule ceinture de flanelle bleue, une benaize et trois bérets, une cape de berger, un gilet en peau de mouton, trois escarpins, une peau de lapin bourrée de paille, un renard naturalisé, une étoile de mer séchée et trois coquilles de murex perceur, une peau de serpent – dans un bocal en prévision de piqûres de vives – un pique-feu, une paillasse de feuilles de maïs, un grand parapluie bleu, un panier rectangulaire en bois et un panier rond en huit, fait en treillage, une gourde à vin, en peau de bique et une en courge avec un tout petit bouchon. Il y avait bien d'autres choses encore que je ne puis énumérer ici…

(1) Hapchot et pitey : outils de résiniers ; pigne : pomme de pin ; galip : copeau de résinage ; arestelle : râteau ; taille-bruc : lame pour couper la bruyère ; daillot : petite faux ; garluche : alios noir ; détroquer : détacher les petites huîtres ; chambreyre : permet de tenir ouverte la panetière à huître ; palet : filet droit ; esquirey : filet à crevettes.

Éd. Loubatières, 1990.

Charles Daney (Gujan-Mestras, 1927)

Professeur agrégé d'histoire et de géographie, auteur de nombreux travaux universitaires, notamment sur l'ostréiculture, membre de la Société de Géographie, il est l'auteur de nombreux ouvrages consacrés à l'histoire régionale, le Bassin et les Landes, mais aussi aux produits du terroir. Il a étudié l'huître dans toute l'étendue de ses particularités et de l'imaginaire qu'elle a toujours suscité. Il sait également raconter (ou inventer) de vieilles légendes, dans une langue pleine d'humour et de suavités, comme dans ses *Contes de la mer, de la lande et du vent.*

Professeur Muge

L'abc du Cap-Ferret

Janus

Le Ferret-Capien a un côté mer, sauvage, imprévisible, et un côté bassin, popote, convivial. Cette double identité lui donne un charme irrésistible.

Marée

Action répétitive de la mer qui contrarie vos horaires.

La marée n'est favorable que très tôt le matin, avant que vous soyez levé, ou tard dans l'après-midi, quand le vent commence à tomber.

Redevenu citadin, le Ferret-Capien garde sur son bureau l'Annuaire des Marées. Il le consulte dans l'attente du week-end.

Les exilés de Paris ont le temps de l'apprendre par cœur avant l'été.

La veille

Jour où vous étiez absent.

C'est la veille qu'il faisait beau, la veille que la pêche était bonne, la veille que vos amis se sont amusés.

Éd. Le Funambule, 1993

Fanny Joly

Tonton Roberto

On est passés devant un panneau « Arcachon »

J'ai ouvert ma vitre. Une odeur d'embruns m'a sauté au nez. Des réverbères blancs, très bord de mer, éclairaient les canots pneumatiques et les bouées dans les vitrines. De-ci de-là, la brise au ras du sol faisait rouler des cannettes et voleter des paniers.

Au détour d'une rue, on l'a découverte : la mer. Elle dansait encore, malgré l'heure tardive, de part et d'autre d'une longue jetée, au pied d'un casino tout blanc comme un gâteau de meringue géant.

Rageot Editions, 1993.

Huguette de Baisieux

Les amants de la ville d'hiver

En cette fin de siècle — on n'avait que cette expression-là à la bouche — la gare d'Arcachon était à l'image de l'éclectisme qui avait marqué l'essor de la ville : l'extérieur du bâtiment, pignons et toit en bois dentelé, tenait du chalet helvétique. Une apparence qui pouvait apparaître incongrue au cœur des Landes mais qui n'avait rien d'étonnant pour une station dont l'ambition première était de concurrencer la Suisse. En revanche, pour l'intérieur, la municipalité avait joué la modernité. Elle s'était adressée au jeune ingénieur Gustave Eiffel [1] qui avait élaboré une nef d'acier pour soutenir l'édifice. [...]

L'attelage, au petit trot, emprunta l'avenue du Chemin-de-Fer puis, par l'avenue Gambetta et le cours Lamarque-de-Plaisance, se dirigea vers le centre. Une certaine animation régnait autour des boutiques, des échoppes d'artisan, des terrasses de café, des restaurants. Peyrelevade fit remarquer que les maisons en bois ajouré, construites à angle droit, rappelaient le style colonial de la Nouvelle-Orléans et désigna avec déférence les points de ralliement du Tout-Arcachon : le café Repetto aux mosaïques orientales, la pâtisserie Foulon qui jouait plutôt la carte basque, le casino Mauresque dominant la ville. [...]

Au sommet de deux collines de sable, un autre bâtiment immense, fils naturel de l'Alhambra de Grenade et de la mosquée de Cordoue mâtiné d'un zeste d'Alcazar, se dressait, grandiose, entouré d'un fouillis de villas tapies dans la verdure à la manière

le Casino mauresque dominant la ville

des cités-jardins de Grande-Bretagne. L'ensemble, aussi surprenant fût-il, ne manquait pas d'allure. [...]

Toute la société arcachonnaise se pressait aux réceptions des Thurneyssen, les héritiers d'Émile et d'Isaac Pereire. Elle évoqua les fêtes qui avaient lieu dans le somptueux chalet aux dentelures de bois dont le jardin était une réplique, grandeur nature, du parc Monceau.

– Une belle opération, Arcachon ! s'écria Olinde, repris par son sens des affaires. C'étaient des génies, les Pereire... Encore plus forts que les Rothschild ! C'est eux, finalement, qui ont inventé la banque pour tous et le chemin de fer. [...] Mais penser, en 1852, à acheter des centaines d'hectares de dunes dans un coin aussi perdu et en faire une ville-sanatorium ! Ca vaut de l'or maintenant...

(1) – Ou plus exactement Regnault, l'un de ses élèves

Éd. Ramsay, 1996.

Thierry Gandillot

La chambre de Barbe-Bleue

Je quittai le Pyla et traversai le Pilat-Plage en m'interrogeant sur ce changement d'orthographe à quelques centaines de mètres de distance. Je grimpai une côte en lacets et garai ma voiture dans une allée paisible. Nous descendîmes des escaliers de bois construits au cœur de la pinède et qui mènent jusqu'à la plage. Nous installâmes nos affaires au pied de la dune. Jimmy courut vers l'océan sans s'arrêter. J'observai les passes du banc d'Arguin dont les reflets argentés scintillaient au loin. [...]

Nous roulions à travers la pinède. De magnifiques villas de style basco-landais se succédaient de part et d'autre de la route. Les Temptations jouaient *Cloud Nine* en sourdine. A côté de moi, sanglé dans la ceinture de sécurité, Jimmy égrenait les noms pittoresques des propriétés: Alizées, Gardénia, Etche-Andia, Canasuc, Aïre-Ona, Simjo, Etche-Aurrena, Amatchi, la Tchanquée, Palmyre, Iduski-Aldéa, Pamplemousse, Mal-Déea, Biriatu. [...] Cette mélopée formait comme un long poème surréaliste. J'essayais d'imaginer des vies derrière les noms. La fortune de l'arrière-grand-père, industriel, banquier, médecin, avocat. Une parcelle de terrain achetée sur le front de mer, pour une bouchée de pain, il y a un siècle. La villa qui surgit d'un marais insalubre, jamais trop grande, jamais trop belle. L'hiver, les volets clos. L'été, toute la famille qui rapplique de Bordeaux, de Lyon ou de Paris. Les enfants, les petits-enfants, jolies têtes blondes, corps dorés par le soleil. Premiers pâtés de sable sous l'œil ennuyé des filles au pair. Premières brasses sans bouée, sous le regard admiratif des jeunes parents qui se tiennent par la main. Plus tard, on met des chandails marins et on apprend la voile avec les cousins. On va passer la nuit sur l'île-aux-Oiseaux en ayant le sentiment de vivre une folle aventure. Feux de bois. Un grand dadais qui massacre *Petite Marie* à la guitare. Premiers baisers, premiers flirts. La main dans le soutien-gorge de la jeune fille au pair. L'engueulade au petit matin : Non mais, tu as vu l'heure ? Ta mère était folle d'angoisse. Et puis qu'est-ce que tu sens ? La cigarette ! Des souvenirs pour la vie. Un jour, enfin le mariage. Et on recommence. Le cycle infini de la bourgeoisie. Piège délicieux, prison dorée. L'été, la villa est toujours là. En première ligne. Merci grand-père. [...]

Si mes souvenirs étaient bons, la Ville d'Hiver se trouvait parderrière, sur le flanc de la dune. Exposée plein sud, d'où son nom.

Je me perdis dans le labyrinthe des allées sinueuses, encore compliqué par le jeu des sens interdits. Je finis par m'arrêter devant une immense construction qui tenait à la fois du chalet suisse, de la ferme landaise, de la pagode chinoise et du château gothique, le tout revisité par un Viollet-le-Duc gascon au sommet de sa forme. Le bâtiment de pierre de taille, flanqué d'une tourelle à pans coupés, était façonné de lignes de briques, autour des portes et des fenêtres, le long des toitures, aux angles des murs de soutien, autour des hautes cheminées carrées. Ici ou là, des faïences aux

couleurs vives égayaient la façade grise. La toiture biscornue était recouverte de tuiles plates en écaille de poisson. Les balcons et les escaliers bordés de bois ajouré enrobaient la demeure d'un gracieux ornement de dentelle [...]

Nous partîmes par tribord afin, m'expliqua le pilote, d'emprunter un chenal entre les parcs à huîtres. J'aperçus au loin les éclairs verts d'une bouée qui marquait l'entrée du port d'Arcachon. Je cherchai la rouge mais ne la trouvai pas. Nous longeâmes l'île-aux-Oiseaux, sans apercevoir les deux cabanes sur pilotis qui montent la vigie un peu au large, comme des bergers sur leurs échasses surveillent leur troupeau dans la lande. La vedette vira sur bâbord et s'engagea dans un nouveau chenal. Devant nous, la côte brillait comme un collier de perles lumineuses.

– Le Grand Piquey, m'indiqua le pilote. Pour aller au Petit, il faut trouver le chenal, par là.

Il indiqua un point dans la nuit.

– Heureusement que nous sommes à marée haute, sinon on avait de grandes chances de s'échouer avant de trouver l'entrée.

Nous longeâmes une haie de pignots serrés qui signalait le chenal. La vedette effectua un nouveau S, plus serré que le précédent, avant de ralentir. Après une rapide manœuvre, elle contourna une pinassotte baptisée Noémie puis vint se coller contre ce que je pris d'abord pour un ponton de bois mais qui n'était qu'une rangée d'épis moussus destinés à empêcher l'écoulement du sable. Nous sautâmes à terre. [...] Je faillis tomber en me prenant les pieds dans des rails rouillés qui plongeaient vers la mer. Je demandai à Marie s'il y avait un chemin de fer dans le coin. Elle m'expliqua qu'il s'agissait d'un système inventé par les ostréiculteurs pour remonter les wagonnets chargés de lourdes poches d'huîtres jusqu'à leur cabane.

Éd. Nil, 1997.

Thierry Gandillot

Auteur de romans (*L'héritage Windsmith*). Pour *La Chambre de Barbe-bleue*, le décor d'Arcachon et du Bassin accompagne longuement le récit écrit entièrement à la première personne.

Bernard Godbille

La mer à marée haute

Est-ce à cause du bruit lointain et assourdi des vagues qui s'engouffrent dans la passe nord à l'entrée du Bassin ou de la douce plénitude qui m'envahit alors ? Instinctivement, une heure avant que la mer ne soit pleine, je reviens devant la maison.

Que je reste alors à entretenir la haie de tamaris plantés au bout du jardin, face au vent, ou que j'abandonne toute occupation pour contempler la mer, accoudé au petit mur blanc qui surplombe le perré, je ne me lasse pas du spectacle. Des flots qui comblent peu à peu le vide de la plage. Des embruns que les rafales, à la mi-saison, me claquent au visage. Surtout du bruit des vagues qui se fracassent sur le perré lors des grandes marées, avant de refluer, à l'oblique, et de se briser sur celles qui leur succèdent.

Vient, plus tard, le moment où la mer est étale, où les pointes des pinasses commencent à tourner autour de leurs corps morts. Je regagne alors la maison, déçu que le paroxysme des derniers moments n'ait pu se poursuivre et prolonger en moi cette ivresse, pareille à celle qui vous submerge à la fin d'un concert.

Jusqu'à la marée suivante je ressentirai, physiquement, l'absence de la mer. Me réveillant la nuit, anxieux, je tendrai l'oreille.

Et, au souffle des vents dans les aiguilles de pins et de cyprès, au clapotement des vagues sur le flanc des bateaux, au bruit sourd des déferlantes ébranlant la pierre, je saurai le moment du cycle de la mer.

J'ai toujours préféré la mer à marée haute. [...]

Je me suis appuyé au mur blanc du perré. En dessous de moi, les vagues se brisaient en milliers de goutelettes colorées de lumière, que le vent aussitôt me jetait au visage. Et je restais là, immobile, le visage ruisselant, regardant les pinasses onduler sous la houle et se cabrer, farouches, en tendant leurs amarres.

Tout à l'heure, au reflux, je prendrais le bateau et j'irais jusqu'aux bancs. Je l'amarrerais au creux d'une baïne et je marcherais jusqu'à l'océan. Je longerais la côte en compagnie des sternes et des oies de bernache, ramassant au hasard quelques coquillages ou des restes d'épaves échoués sur le sable.

Avant de revenir, je pousserais jusqu'à la bouée n° 1, puis jusqu'à la sifflante à l'entrée de la passe. Là où le regard hésite sur la ligne d'horizon. Où la mer et le ciel se confondent, sans une trace d'écume pour les différencier. Même par beau temps, on y ressent la force de l'océan à l'amplitude du rythme de la houle. Et je rentrerais, à petite vitesse, debout dans le bateau, les bras croisés, la barre du gouvernail calée entre les jambes.

Bientôt les pinasses ont tourné autour des corps morts.

Éd.. Les Bons Amis — 1997.

Michel Doussy

La cuisine du bassin

Le Carrelet Printemps

Printemps c'était le surnom, transmis de père en fils, ou d'oncle à neveu, d'une très ancienne famille de La Teste. L'un d'entre eux, redoutable pêcheur à pied et bonne fourchette, remontait le filet d'eau qui s'écoule au fond du port, à marée basse. Il suivait la « canelette » jusqu'à l'Aiguillon, remontait l'estey de Bordes jusqu'aux digues. Sa foëne d'une main, son « flambeau » au carbure de l'autre. On était assuré qu'au terme de ce parcours, la pêche était terminée et abondante. Les petits carrelets finissaient friture croquante. [...]

La Cruchade Miellade

Autrefois, chaque maison un peu isolée, ou possédant un jardin, chaque cabane de résinier, chaque ferme avaient des ruches. La ruche figure d'ailleurs dans les armes de la ville d'Arcachon. Symbole du travail, mais aussi d'un mode de vie, et d'un héritage spirituel fort lointain, où l'abeille incarnait le soleil, et les rites qui s'attachent à son culte.

Lors d'un décès familial, les abeilles devaient prendre le deuil. Leurs ruches : les « Bourniacs », en éclisses de châtaignier et bouses de vache, étaient voilées de crêpe. Si le pater familial mourait, son fils l'annonçait aux abeilles, de façon respectueuse : « Le maître est mort, je suis le nouveau maître. »

Ce rituel est toujours respecté, car les ruches restent très nombreuses tout autour du Bassin ou les forêts proches. [...]

Les spaghettis aux fruits de mer

L'Île-aux-Oiseaux. [...] Une coutume, qui a cessé d'être respectée récemment, voulait que l'on y emportât que des provisions de base, type pommes de terre, haricots, lentilles ou pois cassés... et des pâtes. Les protéines devaient être trouvées sur place : poissons, gibier d'eau, lapins de garenne. Ce style de vie faisait des Iliens, des semi-Robinsons, contraints de pêcher ou chasser leur nourriture. N'était-ce pas le prétexte majeur de tous les « accros » de l'Île, ceux qui possèdent ou disposent d'une cabane ? Retrouver dans la vie sauvage, leur identité d'être humain ? Mais voilà, à quelques accessoires sophistiqués près, comme le fusil ou les filets trémail, la vie de l'homme de Cro Magnon n'a jamais été facile.

L'arrivée à l'Île s'effectue presque toujours sur une marée du soir... même du matin, le problème demeure. On n'est jamais loin d'un repas majeur, déjeuner ou dîner. En clair, on n'a pas eu le temps de tirer un canard ou un pied rouge, ni de poser et de relever les filets... donc il faut improviser.

Passé le chenal de Mapouchet et la pointe du Congre, pour ceux qui fréquentent le Port de l'Île, agglomération de cabanes au Nord de l'Île-aux-Oiseaux, ou le Courbey et l'Estey d'Afrique pour ceux qui habitent au Sud... Il faut observer les pignots. Se détourner vers ceux qui penchent un peu, et grappiller quelques poignées de moules, un petit agglomérat d'huîtres...

Dès l'arrivée, on expédie les gosses ou les femmes, si tant est qu'elles soient du voyage, sur les terres qui se découvrent très vite, avec mission de ramener quelques « coutoyes » (palourdes), des « maillaous » (coques ou sourdons) en précisant aux plus petits de ne pas ramasser les « anons » sortes de petites palourdes grises sans intérêt gustatif.

Dès que le jour décline, que l'on allume les lampes tempête, commencent les choses sérieuses : préparer le dîner. Ce n'est qu'ensuite que l'on ira tendre les jagudes ou prendre l'affût dans la tonne [1] et le plus souvent, les deux successivement {...}

La bouillabaisse de coustuts et de maquereaux

Le « coustut » est un poisson emblématique du Bassin.

Serez-vous bien avancé si je vous dis que le dictionnaire le nomme Saurel et la rumeur publique (pas chez nous) Chinchard ? Qui vous racontera son cri de crécelle lorsqu'on le pêche, et ses coloris d'arc-en-ciel, qui se ternissent dans la mort ? Proche parent du maquereau, ils communient ensemble, dans ce qu'il faut bien appeler « bouillabaisse », bien que ce nom ne soit pas local. Ici, tout était soupes, avant que l'on naturalise quelques appellations. Un des curés de l'église Saint-Ferdinand d'Arcachon, paroisse des « Pirelons » [2] qui avait des comptes à régler avec le curé de Notre-Dame, paroisse à l'époque nettement plus aristocratique, disait à ses ouailles, avec un rien de mépris : « Ici je suis votre curé... gare si vous allez à la messe à l'autre bout-Notre-Dame y-a-Besse » (c'était le nom du curé de l'époque...) Ce mot et quelques autres, remplissaient de joie tout un quartier fier de son identité...

Les petits pains de La Teste

On aurait dit des bonnets de curé, avec leurs quatre pointes bien dressées et arrogantes. De la grosseur d'un pamplemousse, ils constituaient le goûter-récompense des enfants, et une friandise coupe-faim pour les grands. Petits pains à l'anis qui se vendaient au marché et dans les rues.

Les boulangers, aujourd'hui à la retraite, qui les fabriquaient dans la tradition, se demandent encore pourquoi ils ont abandonné cette spécialité. On en vendait près d'un millier par jour, m'a affirmé l'un d'entre eux, et d'évoquer la guerre 39-45, les restrictions de farine. Il n'empêche que tous les enfants devenus des hommes, se souviennent d'Anna « la dansayre » (la danseuse), marchande ambulante, dont le passage était attendu par toute la petite classe. Cette grande et belle femme, au visage bien architecturé autour d'un nez aquilin, partait le matin très tôt de La Teste, poussant sur les deux brancards une grande caisse carrée. Elle s'engageait à larges enjambées dans la descente de la Règue Blanque, soufflait à peine dans la montée du Vélodrome, pour redescendre allégrement jusqu'au Marché d'Arcachon, où elle tenait boutique sur le parvis. Sa caisse noire ouverte sur son contenu fleurant l'anis et le pain chaud. Vers midi, elle s'éloignait vers l'Aiguillon où hommes et femmes, sortaient des conserveries, des glacières, des pêcheries, et s'offraient à bon compte une délicatesse réparatrice. {...}

Le Maigrot à l'hourn

Mortes eaux. Dès que le courant est lâché, il (le maigre, ou maigrot) gagne des refuges profonds et secrets. Ne cherchez pas trop. Il se concentre au trou de St Yves, devant la jetée de la Chapelle à Arcachon, autour de l'épave de la « Roche-Françoise », un chalutier en fer, coulé en face de l'entrée du chenal de la Humeyre, qui rejoint celui de Mapoutchet, et à la Vigne, un peu au sud du petit port, dans les ruines immergées d'un ancien appontement.{...}

La Tère de chez nous

Ne soyons pas trop durs avec elle. On lui doit une particularité de notre paysage maritime : les pignots. C'est pour lui interdire l'accès des parcs à huîtres, que l'on a dressé ces remparts, car on prétend qu'elle ne sait, ou ne peut nager autrement qu'à l'horizontale. Impossible pour elle de franchir un obstacle, dont l'écartement est inférieur à l'envergure de ses ailerons en lames de faux. Au-delà de son appétit, elle a toujours inspiré une certaine crainte. Son dard est redoutable, on le sait. C'est peut-être le seul poisson agressif que je connaisse. En pêche sur les bancs de sable, endroits qu'elle affectionne, j'ai vu plusieurs fois, après l'avoir manquée avec ma foëne, revenir la tère à vive allure vers son agresseur, en l'occurrence, moi.{…}

La Cuisine du Bassin

Les Vives Tchaquedits

Le nom local des vives, c'est le « Tchaquedits », littéralement « pique doigts », une vraie vipère. Sans être aussi dangereuse heureusement. Réputée durer une marée, la douleur revient atténuée à la marée suivante. Les pêcheurs de chez nous, sont plus ou moins mithridatisés contre sa piqûre. Pour aspirer le venin : on prélève le foie du poisson et on l'applique sur l'emplacement lésé, en l'écrasant. À bord, on se contente d'uriner sur la plaie, ce qui fait hurler les maniaques de l'asepsie, mais n'en est pas moins efficace… et écologique ! {…}

Les Moules à la Raymond

Le père Raymond était une célébrité à l'Aiguillon.

Il avait été le marin de Toulouse-Lautrec, et détenait des photos du peintre nu comme un ver ; il aimait se baigner ainsi. Il ne les montrait qu'à de rares initiés. Il avait gardé des dizaines de toiles peintes, qu'il tendait sur la plage, entre la villa où vivait le peintre, et la grève, (villa Myriam, aujourd'hui disparue, mais située au coin de la rue Roger-Expert et du Boulevard Promenade à Arcachon).

Ainsi, Toulouse-Lautrec et son cousin, futur Alphonse XIII d'Espagne, en maillot, ou sans, pouvaient défier la curiosité des familles en villégiature. S'étant aperçu que quelques indiscrets… (tes), soulevaient le voile, Lautrec l'avait constellé de scènes tellement licencieuses que, la pruderie ambiante aidant, il n'en fallait pas plus pour éloigner les importuns. Ces toiles ont pourri dans une des cabines de bain de cette propriété. Je les ai vues en tas noirâtres. Il avait peint également le portrait du père Raymond, mais sans l'adhésion de son modèle… « j'étais tout vert », disait-il méprisant. Quant à la destinée du portrait, on l'ignore à jamais. « Je l'ai échangé contre mon vrai portrait que m'a fait un peintre, un vrai… » ! Lui aussi je l'ai vu… avec désolation.{…}

Le Mule noir farci

Pour nous, les Bordelais, considérés dans leur ensemble, sont des « pèle-gigot ». Ne me demandez pas de traduire, ce serait trop long ! En résumé, des « frimeurs-sans-le-sou ». Rien de plus arbitraire, évidemment, mais on ne peut empêcher les rivalités de clocher. Certains chez nous, les traitent aussi de « cague-miguette » ce qui est plus dur, et signifie, avec les euphémismes d'usages, ceux qui « défèquent des rubans de paquets cadeaux » [...]

Les pâtés d'Anguilles de Marie

L'Île-aux-Oiseaux a peu de sédentaires, mais Marie entrait dans cette catégorie. Veuve d'un pêcheur, elle avait trouvé là un refuge, et peut-être l'écrin de souvenirs qui aident à vivre. Elle reprisait inlassablement les pantalons de son époux défunt comme s'il devait revenir du Paradis des marins. Depuis longtemps, les reprises se raccordaient à d'autres reprises, ne laissant pratiquement plus apparaître le tissu rouge d'origine. Ce rouge dont Salvador Dali prétendait qu'il était le plus beau du monde, et qu'il n'avait vu que sur le bassin d'Arcachon.

Marie était une institution. On ne manquait pas d'aller la voir à chaque excursion... pour le plaisir et le pittoresque. Elle se mettait en frais de conversation, nous demandant courtoisement des nouvelles du « continent », et si « Monsieur Gounouilhou était toujours maire d'Arcachon ? »... Marcel Gounouilhou avait effectivement été maire d'Arcachon mais 40 ans plus tôt... »

(1) Sorte de cabane, flottante ou non, disposée sur une retenue d'eau ou auprès d'un étang naturel, dans laquelle on guette les canards venant se reposer sur le plan d'eau et attirés par des « appelants » vivants.
(2) Surnom des habitants de l'Aiguillon à Arcachon, quartier de la criée et des pêcheries. Le pirelon est le grondin gris, poisson peu apprécié, juste bon à donner du goût à la soupe.

Éd. de la Palombe, 1997.

Michel Doussy (Arcachon, 1933)
Arcachonnais de pure souche, il est connu ici et là sous de multiples facettes, à travers un parcours peu banal. Formé d'abord à l'ébénisterie à l'école des Compagnons du Devoir, puis marin-pêcheur devenu bientôt journaliste, localier puis grand reporter laissant sa signature dans les plus grands journaux et magazines, et enfin expert agréé dans les domaines de l'art les plus variés. On a pu dire de lui qu'il était l'homme de toutes les polyvalences. Il est revenu retrouver ses racines dans son moulin de La Teste et, en 1997, il a signé un succulent ouvrage consacré à La Cuisine du Bassin et truffé d'anecdotes et de souvenirs. Autant de « recettes de vie » que de recettes gourmandes. Dernier pied de nez aux tenants d'une spécialisation à outrance : son ouvrage sert aujourd'hui de référence en Sorbonne, en Littérature comparée, pour montrer les diversités des expressions littéraires.

Agnès Claverie

Les femmes de l'ombre

Leurs parents ont une propriété tout en haut, dans la ville d'hiver. De leurs fenêtres on voit le bassin d'Arcachon, c'est très beau, comme un tableau qui changerait avec les heures. Il s'anime avec le soleil, ou se voile sous des écharpes de brume, l'horizon se teinte de rose, les dunes font des taches claires dans la forêt, on dirait des trous dans un tissu. J'aime tant Arcachon, et la mer. Tout à l'heure, je suis descendue sur la plage. La marée montait. Des vagues plates s'arrondissaient en bouillons d'écume, qui libéraient des cloques mousseuses et transparentes qu'un souffle de vent égaré traînait à la surface de l'eau avant de les éclater; des bateaux viraient sur leur chaîne d'ancre tendue, roulaient, tanguaient, déclenchant des cliquetis, de légers entrechoquements de ferraille, et la pointe des mâts lançait vers les nuages des arcs de cercle invisibles. De l'autre côté de la mer, l'horizon moutonnait, enveloppe de vapeurs bleutées qui noyaient les arbres et les maisons. Il n'y avait pas de bruit, juste le glougloutement de la mer, le tapotement des coques et, par instants, le cri d'un oiseau ou l'appel d'un pêcheur au loin. La surface des choses était si paisible. J'en ai eu mal au cœur. Je crois bien que la guerre, c'est l'apparition de tout ce qu'il y a en dessous de sale, de monstrueux. Je me souviens d'un matin sur notre plage, après une tempête terrifiante, la mer était redevenue plate, et le ciel très clair, mais en marchant j'ai mis le pied dans une gelée énorme, gluante et visqueuse. Ça ondulait et tremblotait comme remué encore par des ondes de vie, mais ça sentait la vase et le pourri. Pendant plusieurs jours j'ai refusé de me baigner. Je n'acceptais pas que de telles horreurs se cachent sous le bleu de l'eau. Est-ce cela que nous allons connaître ?

France-Loisirs / Éd. Robert Laffont, 1998.

Agnès Claverie

Journaliste et écrivain, Agnès Claverie est l'auteur de deux romans. Peut-être parce qu'elle est la fille du journaliste et historien, Henri Amouroux, dont il est l'un des grands spécialistes de cette époque, elle a situé son premier roman, *Les femmes de l'ombre*, aux temps sombres de l'occupation allemande ; Arcachon est alors le lieu où l'héroïne apprend la nouvelle de l'armistice de 1940.

Michel Suffran

Ce lieu marqué d'une étoile

Avant même d'être un lieu, le bassin d'Arcachon brille en moi ainsi qu'une lumière. Oui, une sorte de lueur palpitant sur l'horizon.

J'émergeais à peine de l'enfance et du labyrinthe d'un Bordeaux « occupé », enténébré d'un perpétuel couvre-feu. Des amis de mes parents possédaient, au Petit-Piquey, juste au bord de la plage, ce que nul ne songeait alors à baptiser « une villa », moins encore « une résidence secondaire », tout juste « une cabane ». Et c'était, en effet, une manière de cahute de pêcheur charpentée d'un filigrane de bois sec, pavoisée d'algues sombres, armaturée de lattes satinées et argentées par l'isolation des ans.

Telle quelle, cette insolite demeure, suspendue au-dessus d'un perpétuel remous de sable blond et d'onde saline, représentait, en sa précaire hardiesse, un défi au sacro-saint logis familial, clos, calfeutré, salpêtré, protecteur, voué à la liturgie de la pénombre, telle qu'une patiente tradition m'en avait vrillé au cœur la sourde nostalgie. Ici, soleil, ressac, souffles, cris de mouettes pénétraient aussi librement que dans le belvédère arborescent du Robinson Suisse.

Et je revois encore, au matin, à travers le store ajouré, le panorama japonisant du Bassin où, indissociable de l'immense ciel vierge, le déploiement d'une onde respirante, à peine moins immatérielle, se trahissait ça et là par le reflet tremblé d'une maigre ligne de piquets, le sillage de quelque lente pinasse.

Le tableau que j'esquisse ici demeurerait incomplet sans le sceau d'un enchanteur. En cette saison libérée, une féerie hiératique emplissait les écrans de sa pavane pour deux gisants : L'Éternel Retour, transposition quelque peu statufiée du mythe de Tristan et Iseult. Je ne sais comment un entrefilet du journal local m'apprit que son héros, Jean Marais, séjournait à Piquey. J'en étais encore à cet âge où l'on croit que l'Olympe descend volontiers, porté par des rayons de lune, au creux de temples obscurs !

Ainsi, je me revois, tout ému, posté dans une allée semée d'aiguilles de pins, tendant au chevalier casqué de blond une carte postale acquise au buraliste du coin. Tandis que, de bonne grâce, il y déposait sa griffe, le personnage qui l'accompagnait me parut plus fascinant encore : frêle, boucané, magnétique, coiffé d'une sorte de tiare électrisée d'une masse de cheveux argentés, vêtu d'un ample peignoir strié de blanc et de bleu, s'appuyant d'une admirable main osseuse sur un sceptre aussi tourmenté qu'un cep de vigne. Au dos du misérable carton, il laissa son empreinte paraphée d'une étoile.

J'étais jeune alors et ne connaissais guère le nom de Jean Cocteau. Mais cette étoile au ciel arcachonnais fut la première à éclore, annonciatrice d'une constellation de Poésie qui, depuis, ne cesse de m'éblouir.

Lettre autographe à Jean-Claude Garnung, *2002.*

Michel Suffran

Médecin, mais très vite tourné vers la littérature, il a toujours été passionné par le génie singulier de sa ville. Il lui a consacré de nombreux ouvrages. Tour à tour romancier, auteur dramatique pour la télévision, biographe (*Le Curé d'Ars, Dino Buzatti*), on lui doit de nombreux essais littéraires sur François Mauriac, Jean de la Ville-de-Mirmont, Alain-Fournier, et les écrivains dits de « la génération perdue girondine». En 1966, il obtient le grand prix littéraire de la Ville de Bordeaux.

Table

Nous remercions les éditeurs, auteurs, ayants droits pour leurs bienveillance et leurs autorisations. L'éditeur s'engage à rectifier dans une prochaine édition toute ommission involontaire et réserve les droits des auteurs qui n'auraient pu être joints.

coaltaré p111

Imprimé chez Itxaropena à Zarautz
pour le compte des
éditions Pimientos.

Dépôt légal : juin 2002

Isbn : 2-912789-17-6

Pimientos
Basa buru
Chemin de camiéta
64122 Urrugne
Tel : 05 59 47 61 53
Fax : 05 59 47 43 24
pimientos@wanadoo.fr